戎光祥
郷土史叢書
08

戦国信濃と依田信蕃

徳川・北条を苦しめた不屈の国衆

志村平治
Shimura Heiji

戎光祥出版

はしがき

信州上田《うえだ》（長野県上田市）の城主・真田昌幸《さなだまさゆき》といえば著名な武将である。この真田に対し、「もう一人の真田」（市川一九九四）とか、「生きていれば真田をもしのぐ大物武将となり、徳川の重臣に列した」（山崎二〇一七）といわれた猛将が佐久《さく》（長野県佐久市）にいた。徳川家康《とくがわいえやす》の信頼厚く、佐久の平定の夢半ばで斃《たお》れた武田《たけだ》旧臣の芦田依田信蕃《あしだよだのぶしげ》である。

信蕃の先祖は信濃国小県《ちいさがた》郡依田庄（上田市）を発祥とし、依田氏を名乗る。永享八年（一四三六）、経光《つねみつ》のとき、佐久郡芦田郷（長野県立科町）に進出し、芦田氏（依田系芦田氏）を名乗り、大井《おおい》城（同佐久市）の大井氏に仕えた。この大井氏嫡流は、文明十六年（一四八四）二月、村上《むらかみ》氏に攻められ滅び、芦田氏は村上氏に属して自立し、その後、諏訪《すわ》氏、武田氏に仕えている。武田氏時代の信蕃は遠江二《ふた》俣《また》城（浜松市天竜区）、田中《たなか》城（静岡県藤枝市）の城将となり、いずれの城でも孤軍奮闘、徳川家康を苦しめた「猛将」だが、主家・武田家の指示により、城を徳川家康に明け渡した。その折、信蕃の優れた力量を充分に認識した家康は、家臣に迎えようとしたが、信蕃は主君・武田勝頼《かつより》の存亡明らかでないとして断っている。まさに、武田家に忠誠を尽くした信義に厚い猛将である。

家康は、武田氏滅亡後、織田信長《おだのぶなが》の処刑リストに信蕃の名のあることを、信蕃に伝え匿《かくま》っている。武田氏が滅びると、旧武田領の信濃国（長野県）は織田領となったが、織田信長が本能寺《ほんのうじ》の変《へん》で亡びると、信長が派遣した新領主が本国に退去したため、旧武田領は領主不在の地となった。そして「天《てん》正《しょう》壬《じん》午《ご》の乱《らん》」となる。このおり、信蕃は、家康の意を受けて、武田遺臣三千人を率いて佐久に戻り、徳川の先兵として、佐久郡平定に乗り出す。そこに小田原《おだわら》（神奈川県小田原市）の北条氏直《ほうじょううじなお》が大軍を率いて信濃国に進攻してきた。そのため、佐久郡の国衆のほとんどが北条方に転じた。その中にあっても、信蕃は三沢小屋《みさわごや》（佐久市）に籠城し、ひとり、北条氏に徹底抗戦した信義に厚い猛将である。

その後、信蕃は、北条方であった真田昌幸を徳川方に引き入れ、昌幸と共に碓氷峠《うすいとうげ》を占拠、北条方の糧道《りょうどう》を押さえるなど、北条方を苦しめた。これにより、北条氏直は戦意を失い、それまで劣勢であった家康が有利な条件で和睦するに至った。氏直は上野国（群馬県）へ引き上げ、信濃は徳川氏の領地となった。家康から佐久郡を与えられていた信蕃は領主として、佐久郡平定を念願にして戦った。そして、まもなく佐久郡平定なるかという段階で、自ら陣頭に立って岩尾《いわお》城（佐久市）攻めを行い、「猛将」振りを見せたものの、鉄炮の弾に当たり戦死し、夢半ばで斃れてしまうのである。

その後、家康は、信蕃の一連の功績に報いるために、信蕃の子・竹福丸《たけふくまる》に松平姓と、家康の「康」の一字を与え、松平康国《まつだいらやすくに》と名乗らせた。そして、大久保忠世《おおくぼただよ》の補佐をうけ、康国は佐久郡を平定、小諸《こもろ》（長野県小諸市）六万石の大名となった。信蕃がもし戦死せず、佐久郡を平定していたならば、彼は信濃の一国衆ながら、松平姓を与えられ、小諸六万石の大名になり、徳川の重臣に列したかも知れない人物である。

信蕃については、武州御嶽《みたけ》城（埼玉県神川町）を父・信守《のぶもり》と守備したというが、その時期はいつか、信守・信蕃父子が二俣城に配備されたのはいつかなど疑問や諸説も多い。これら疑問・諸説について、本書では検討してみたつもりである。

また、信蕃は「芦田信蕃」あるいは「依田信蕃」と表記されるが、本書では「芦田依田信蕃」で表記を統一した。ただし、書名については一般の認知度を考慮し、「依田信蕃」とした。

最後に、本書執筆に当たって、取材ならびに情報提供などご協力いただいた、長野県立科町津金寺御住職、佐久市蕃松院増田御住職、上田市立博物館、静岡県藤枝市灌溪寺加藤仁道御住職らに謝意を述べさせていただきたい。

著　者

目次

四、織田信長の信蕃への処置

五、徳川家康に仕える

本書関係系図

芦田依田氏系図

参考「尊卑分脈」三、『藤岡町史』、「寛政重修諸家譜」依田、「芦田氏系譜」「寛政重修諸家譜」松井宗直譜文、『大日本寺院総覧』下

源満快―満国―為国―為公―為実―実信―信行―行俊（飯沼）―資行―唯心

唯心―行盛（依田）
　　―朝行（依田）―行實―行吉―行常―○―経光（芦田）―光徳―光玄

光玄―孝玄
　　―義玄

義玄―信守（依田）下野守
　　―康貞
　　―守俊　左近助　妻重田守満女
　　―天外大雲和尚
　　―守慶　十郎左衛門　妻蟇仁左衛門姉

信守―信蕃　右衛門尉　右衛門佐　常陸介
　　―信幸　伊賀守
　　―信春　長九郎
　　―女子　依田治右衛門妻
　　―女子　松井与兵衛宗直妻
　　―女子　柳沢元目助妻

信蕃―女子　植村新六郎家次室
　　―康国（松平）　竹福丸・源十郎　修理大夫・下総守
　　　　＝康真　福千代丸、康寛　新六郎・新九郎　右衛門大夫　修理大夫　加藤四郎兵衛尉　加藤宗月
　　―康真

信幸―信守　肥前守
　　―信政

信守―信重
　　―政勝

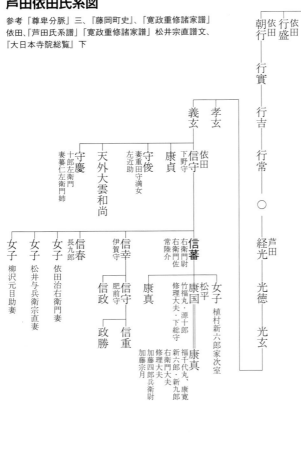

芦田依田信蕃姻戚関係図

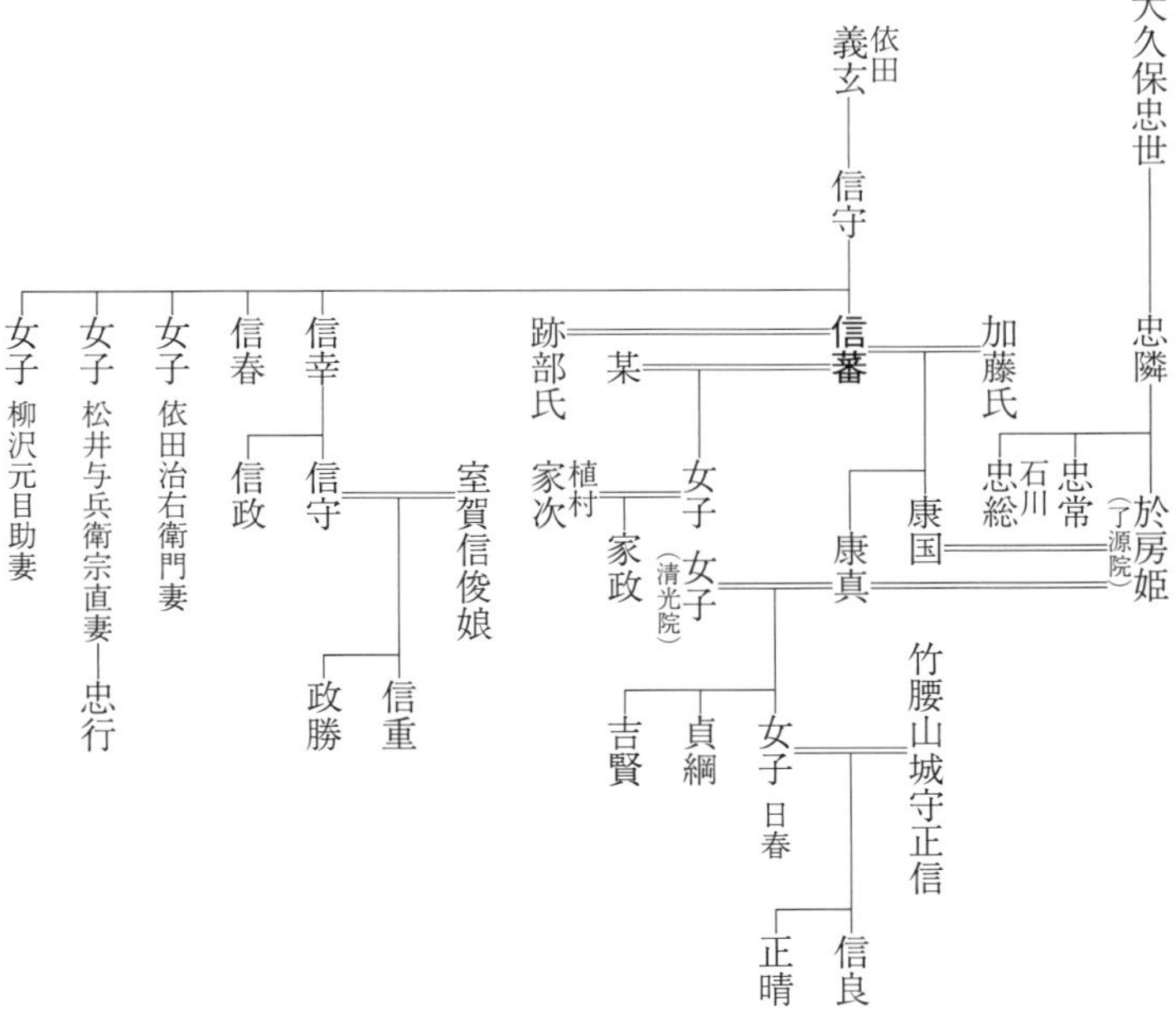

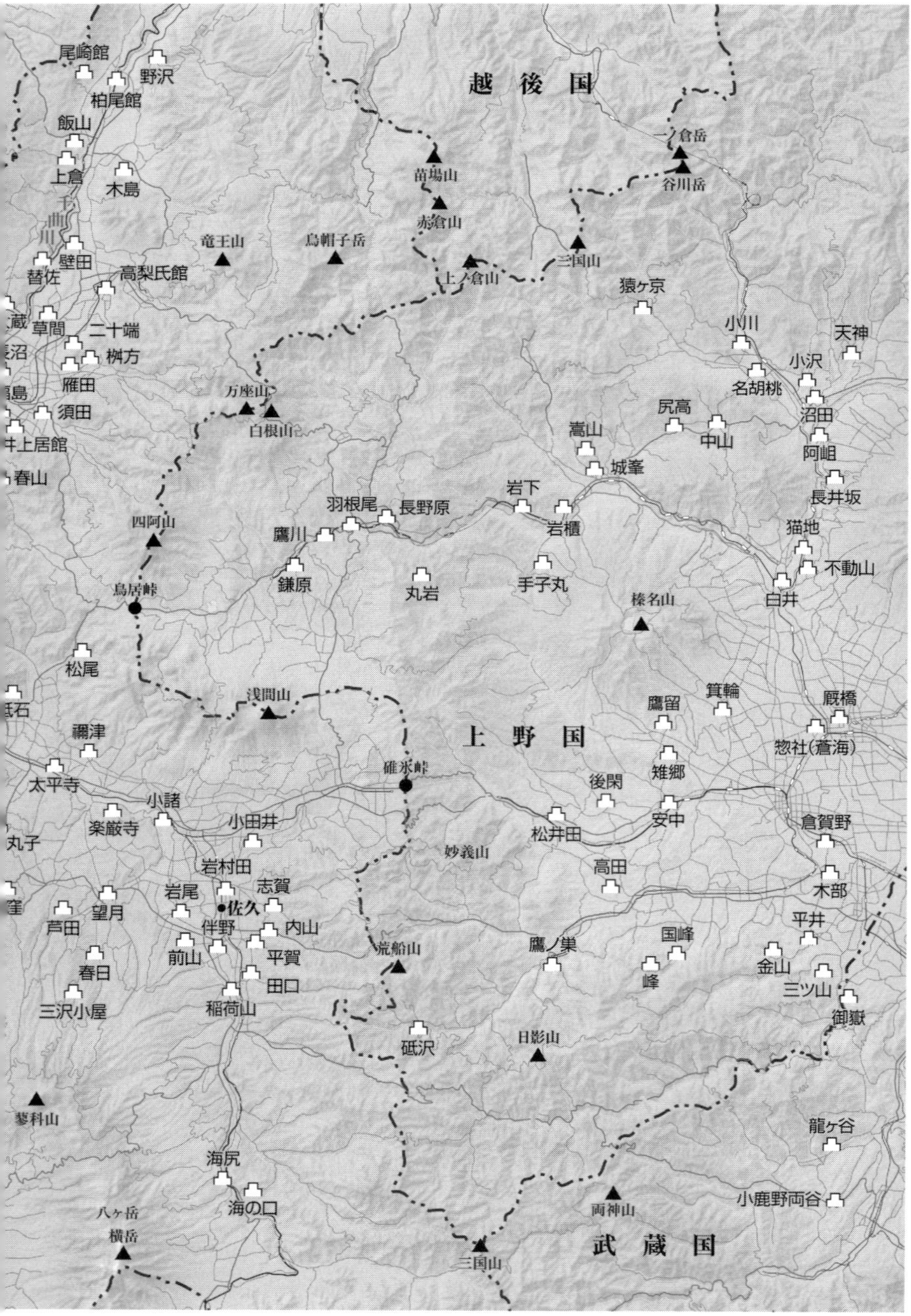

越後国
尾崎館
野沢
柏尾館
飯山
上倉
木島
千曲川
一ノ倉岳
谷川岳
苗場山
赤倉山
竜王山
烏帽子岳
上ノ倉山
三国山
壁田
替佐
高梨氏館
猿ヶ京
草間
二十端
桝方
雁田
須田
小川
天神
小沢
名胡桃
万座山
白根山
尻高
嵩山
中山
沼田
城峯
阿岨
春山
岩下
長井坂
羽根尾
長野原
岩櫃
猫地
四阿山
鷹川
不動山
鎌原
丸岩
手子丸
白井
鳥居峠
榛名山
松尾
箕輪
厩橋
鷹留
浅間山
上野国
惣社(蒼海)
禰津
雉郷
碓氷峠
後閑
太平寺
小諸
安中
楽厳寺
小田井
松井田
倉賀野
妙義山
岩村田
高田
木部
岩尾
志賀
佐久
望月
伴野
内山
芦田
平井
国峰
荒船山
鷹ノ巣
前山
平賀
金山
春日
田口
峰
三ツ山
三沢小屋
稲荷山
御嶽
砥沢
日影山
蓼科山
龍ヶ谷
海尻
海の口
両神山
小鹿野両谷
八ヶ岳
横岳
三国山
武蔵国

芦田依田信蕃関係地図〈信濃・上野〉

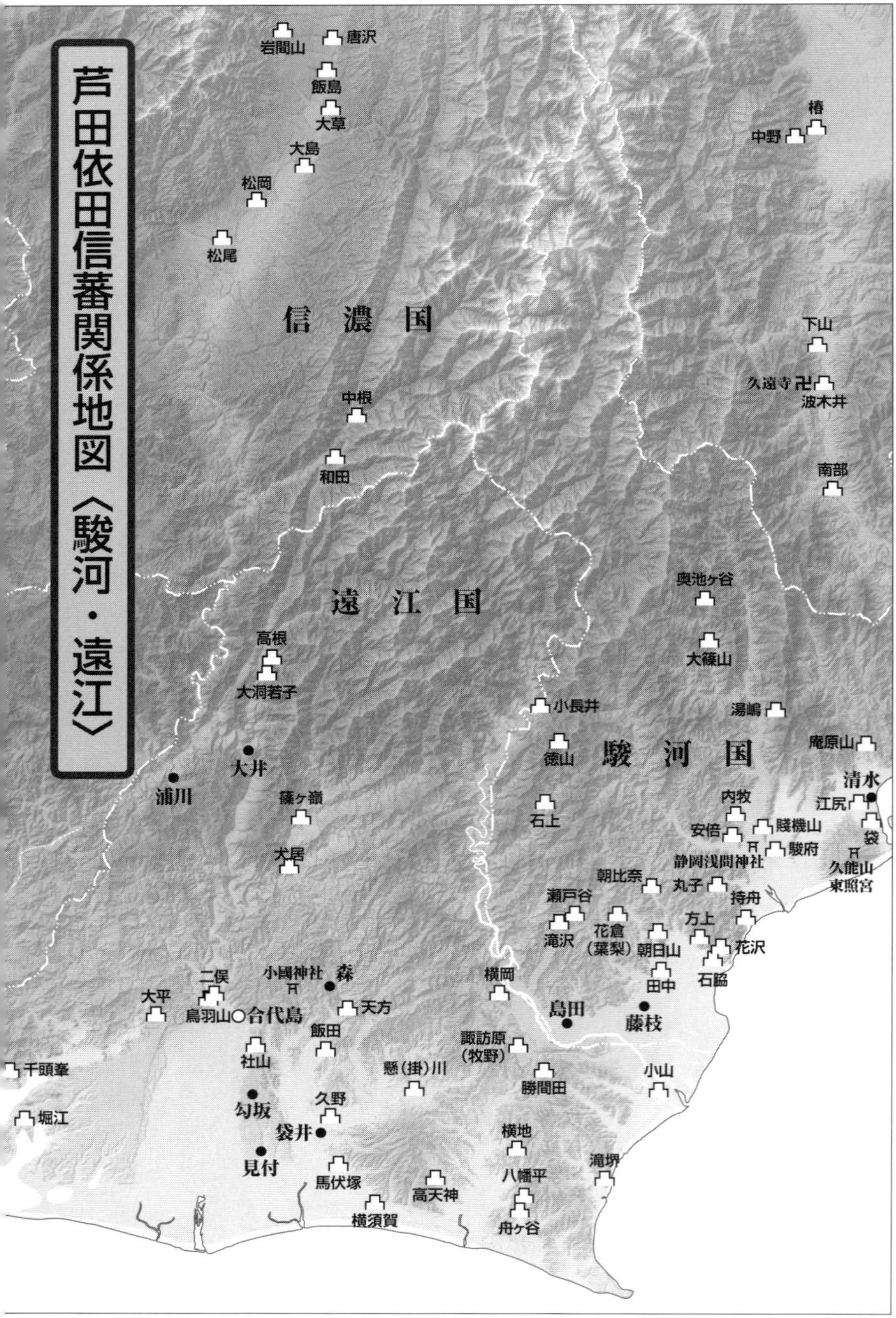

芦田依田信蕃関係地図〈駿河・遠江〉
信濃国
遠江国
駿河国
岩間山
唐沢
飯島
大草
大島
松岡
松尾
椿
中野
下山
久遠寺
波木井
南部
中根
和田
奥池ヶ谷
大篠山
高根
大洞若子
小長井
湯嶋
徳山
庵原山
清水
江尻
袋
大井
浦川
篠ヶ嶺
石上
内牧
安倍
賤機山
駿府
犬居
静岡浅間神社
久能山
東照宮
朝比奈
丸子
持舟
瀬戸谷
滝沢
花倉
(葉梨)
朝日山
方上
花沢
石脇
田中
二俣
小國神社
森
横岡
大平
鳥羽山
合代島
天方
島田
藤枝
飯田
諏訪原
(牧野)
社山
千頭峯
懸(掛)川
勝間田
小山
勾坂
久野
堀江
袋井
横地
見付
馬伏塚
滝堺
高天神
八幡平
横須賀
舟ヶ谷

【凡　例】

一、人名や歴史用語に適宜ルビを振った。読み方については各種辞典類を参照したが、歴史上の用語、とりわけ人名の読み方は定まっていない場合も多く、ルビで示した読み方が確定的というわけではない。また、地元での呼称、史料によって読み方が違う場合もあり、各項目のルビについては著者の見解を尊重したことをお断りしておきたい。

一、掲載写真のうち、クレジットを示していないものについては、著者または戎光祥出版の編集部が撮影したものである。

一、本文中、参考文献については（宮坂二〇一六）のように、著者名字プラス刊行年で略した。

一、依田氏の起源

依田氏の家系

依田氏の家系は、「尊卑分脈」によれば、清和源氏満快《みつよし》流である。また大和源氏頼季《よりすえ》流ともいう説もある（「寛永諸家系図伝」三）。

平安時代末期、源満快《みつよし》四代の孫・為公《ためただ》が信濃守に補任《ぶにん》されて信濃に下り、その子孫が伊那《いな》（長野県伊那市）・松本《まつもと》（同松本市）・上田盆地（同上田市）に広がった。為公は片桐《かたぎり》・室賀《むろが》・二柳《ふたつやなぎ》・夏目《なつめ》・諏訪・小泉・依田ら諸氏の祖である（『長野県歴史人物大事典』『国史大辞典』）。

為公の妻は、源義賢《よしかた》（木曽義仲《きそよしなか》の父）の娘で為実《ためざね》を生んでいる。この為実が信濃国小県郡依田庄（上田市）に移住、依田城（上田市）を築き、依田六郎を称し依田氏の祖となった（「尊卑分脈」）。

治承四年（一一八〇）木曽義仲が兵を挙げたとき、義仲が為実の叔父である関係から、依田氏は義仲に属し、為実の子・次郎実信《さねのぶ》は、依田城を義仲に明け渡し、飯沼《いいぬま》（上田市）に移り、実信の孫・行俊《ゆきとし》は飯沼次郎と号した（「尊卑分脈」『長野県姓氏歴史人物大辞典』『小県郡史』）。実信は源平合戦に際し義仲に属して倶利伽羅《くりから》峠などで戦っている（「源平盛衰記」二十九）。

鎌倉時代には鎌倉幕府の御家人となる。建暦三年（一二一三）五月、和田義盛の乱のときには、依田小太郎が幕府方として参戦して討ち死にしている（「吾妻鑑」二十一）。

室町幕府に登用された依田一族

鎌倉幕府の滅亡から南北朝の争乱時、依田氏は足利尊氏《たかうじ》に属して、依田庄の支配権を回復確保すると共に室町幕府に登用されたという（田中二〇一六）。

依田左近大夫《さこんのたいふ》（時朝《ときとも》、元信《もとのぶ》）は、足利義詮《よしあきら》の代の延文三年（一三五八）、および足利義満《よしみつ》の代の康暦元年（一三七九）に、幕府の重要事を裁決する御評定衆《ごひょうじょうしゅう》に加えられている（「御評定着座次第」＝「大武鑑」一、『立科町誌』歴史編上）。依田貞行《さだゆき》は康永三年（一三四四）から貞和二年（一三四六）に、依田貞朝《さだとも》（朝貞《ともさだ》）が永享四年（一四三二）から康正二年（一四五六）に、それぞれ幕府右筆《ゆうひつ》方奉行人になっている（「室町幕府諸職表」）。「永享以来御番帳《ごばんちょう》」や「文安年中（一四四四〜四九）御番帳」には、依田九郎行朝が幕府直属の一番衆として村上左京《さきょう》入道《にゅうどう》と共に名を連ねている。このように依田氏は幕府内における力や地位をもつようになったのである。

滋野系芦田下野守、小笠原政康に降伏する

ところで、佐久郡芦田地区（長野県立科町）は古代以来、滋野《しげの》系望月《もちづき》氏の勢力下にあり（『立科町誌』歴史編上）、鎌倉時代から滋野系芦田氏が芦田に館城を構え勢力を張っていた。

この滋野系芦田氏は芦田下野守のときに滅んでいる。

芦田下野守は佐久郡岩村田（長野県佐久市）の大井持光《もちみつ》と争った。これを気にしていた幕府は、満済《まんさい》を通して応永三十三年（一四二六）正月二十六日、信濃守護・小笠原政康《おがさわらまさやす》（入道後は正透《せいとう》）を呼び、密かに相談をした（「満済准后日記」）。同年二月十七日、将軍足利義教《よしのり》は政康を信濃に下向させて、「大井越前守と芦田下野守との不快のこと、然るべからず候。早く和睦すべきの旨、仰せ出され候」と、大井・芦田の和睦を計らせ、これを信濃国人らに通達させた（「足利将軍御内書并奉書留」）。

しかし、芦田下野守は、調停案を一蹴した。将軍足利義教は大井持光支持を決め、永享八年（一四三六）、小笠原政康に芦田下野守の討伐を命じた。対する芦田下野守は、村上・海野・祢津《ねつ》氏らの支援を得て抗戦した。同年七月、小笠原・大井連合軍の攻撃を受け、芦田下野守は、祢津氏の芝生《しぼう》田《だ》・別府《べっぷ》両城（長野県小諸市）落城を機に守護小笠原政康に降った。八月三日、将軍足利義教は政康に感状を与えた（「小笠原文書」）。

この芦田下野守について、滋野系説（宮坂二〇一六、市村二〇二〇）と、依田系説（『徳川・松平一族の事典』『長野県歴史人物大事典』『長野県姓氏歴史人物大辞典』、笹本二〇一六）があるが、本書では滋野系説を採用した。

依田系芦田氏の登場

依田庄に勢力をもっていた依田氏の親族が足利幕府の枢要《すうよう》の地位にあり、これを背景に、永享八年（一四三六）八月、依田経光《つねみつ》は東信濃の動乱の終結を機に、佐久郡芦田郷（長野県立科町）に進出し、高井郡井上一族・米持光遠《よなもちみつとう》と共に、一気に滋野系芦田氏を滅亡させている（市川一九九四）。一説には、芦田氏は小笠原政康によって滅ぼされたという（『室町時代人物事典』小笠原政康）。

依田経光は山麓を流れる芦田川の対岸に居館を築き、依田系芦田姓を名乗って領主となった（中村一九六八、『日本名字家系大事典』ほか）。「越前福井芦田氏家伝」に、「右衛門尉経光芦田に来リ、地主となりて芦田と称す」（「越前福井芦田氏家伝」＝『長野県町村誌』東信編）とある。依田系芦田氏の登場である。本書では以降、芦田依田氏と表現することにする。

茂田井《もたい》（立科町）に入部した米持氏は芦田庄司《しょうじ》となり、倉見《くらみ》城（立科町）を築いて、甕《もたい》氏、米持系芦田氏（井上系芦田氏）を称した。この米持系芦田氏は芦田庄司（主殿介《とのものすけ》）の時代、延徳元年（一四八九）六月五日、佐久郡に乱入した甲斐の武田勢（一説に村上勢）に攻められ滅びたという（「四鄰譚藪」巻之四、「望月由縦記」＝『北佐久郡志』）。

これ以後、依田系芦田氏は大井氏の執事（被官）となり、大井氏に従って佐久地方など各地に分散していく（『長野県歴史人物大事典』『国史大辞典』十、『徳川・松平一族の事典』）。このため、信濃国小県郡、佐久郡、上野国には依田姓を持つ諸士が少なくない。相木《あいき》、平尾《ひらお》、丸子《まるこ》氏などは依田を称している。

文安二年（一四四五）、芦田依田経光の子・光徳《みつのり》は、滋野系芦田氏が鎌倉時代に築いた芦田城を改修し（『立科町誌』歴史編上、小林一九九八ほか）、ここを居城とした。

芦田依田氏の家紋、丸に揚羽蝶

芦田依田氏の家紋、三つ蝶

芦田依田孝玄、謀殺される

応仁二年（一四六八）十月十日、光徳が没し、子・光玄《みつはる》が続き、光玄は文明十一年（一四七九）八月十一日没した（「越前福井芦田氏家伝」）。

光玄には当時二子があり、長子は幼名松若丸《まつわかまる》といい、成人して孝玄《たかはる》（隆春）と称し、優《すぐ》れた素質をもち、芦田依田家相続にふさわしい人物であったが、継母はわが子可愛さに弟・義玄《よしはる》の相続を企て、孝玄を御嶽堂城《みたけどう》（依田城。長野県上田市）に移し、乳母と家臣の布施《ふせ》・小平《こだいら》両名をもって、文明九年（一四七七）七月二十日に謀殺してしまった（「越前福井芦田氏家伝」「寛政重修諸家譜」巻第三百五十六「依田隆春譜文」ほか）。

こうして義玄（良春）は備前守を称し芦田依田家を継いだが、兄・孝玄の霊の祟りがたびたびあったので、その霊を慰めるため、御嶽堂城内、それに芦田城内へ移祀した依田大明神（現在でも芦田城本郭に「木ノ宮社」として祀られている）へそれぞれ合祀し、自身は剃髪仏門に入り玄栄斉《げんえいさい》と称している（「寛政重修諸家譜」巻第三百五十六「依田隆春譜文」）。

文明十六年（一四八四）二月、佐久に攻め入った村上政国《まさくに》によって、大井城（長野県佐久市）が落城、主筋の大井氏嫡流が滅びると、芦田依田氏は村上氏に属して自立し、勢力拡張のチャンスにあった。しかし、お家騒動の影響もあり、義玄は芦田依田家当主としての器量に欠けていたため一族・家臣を掌握できなかったせいか、主家を見限り浪人や他に仕官したものが多かったらしく、「甲斐切石依田氏系譜」に、「依田上野介正友明応二丑年（一四九三）依田城（芦田城のこと）を開け武田家に随従」とある。こうして義玄の代に芦田氏は衰微していたという。

義玄は天文六年（一五三七）六月十一日に没した。そして義玄の子が下野守信守《のぶもり》（信蕃の父）である（「越前福井芦田氏家伝」）。

二、芦田依田信守の活躍

芦田依田信守の略歴

生年不詳、信守の父は芦田城（長野県立科町）主・芦田依田義玄《よしはる》である（「芦田氏系譜」「芦田日記略系」「千曲之真砂」）。幸政《ゆきまさ》、幸成《ゆきなり》、幸教《ゆきのり》、信吉《のぶよし》ともいう（「依田氏系譜」「系図纂要」十二、「武徳編年集成」巻之十五、「甲越信戦録」巻之七）。右衛門大夫、下野守。武田信玄に仕え、元亀《げんき》四年（一五七三）五月、遠江二俣城《とおとうみふたまた》（浜松市天竜区）主となり、天正《てんしょう》三年（一五七五）六月十九日、二俣城内にて病没。法名「昌林寺月桂良心《しょうりんじげっけいりょうしん》」（「系図纂要」十二）、「昌林寺殿月桂良心大居士《しょうりんじどのげっけいりょうしんだいこじ》」（「依田氏系譜」）。

諏訪氏の傘下に入る

天文十年（一五四一）五月、村上義清《よしきよ》・諏訪頼重《よりしげ》・武田信虎《のぶとら》の三将はいっせいに小県郡《ちいさがた》に侵攻し、海野棟綱《うんのむねつな》を攻めた（「神使御頭之日記」）。海野一族の抵抗は頑強であったが、内応者も出たため、五月二十五日、本城の海野平（長野県東御市）が落城した（「高白斎記」）。「神使御頭之日記《じんしおとうのにっき》」では、海野平の落城を五月十四日と記している。海野棟綱は関東管領《かんとうかんれい》・山内上杉憲政《やまのうちうえすぎのりまさ》を頼って上野国平井城《ひらい》（群馬県藤岡市）に落ちていった。

同年七月、上杉憲政は、海野棟綱の旧領海野平回復のため、箕輪城《みのわ》（群馬県高崎市）の長野業政《ながのなりまさ》を将とする三千騎を小県郡の海野まで出兵させる。これに対し、七月四日、諏訪頼重は、小県郡長窪城《ながくぼ》（長野県長和町）まで出陣する。同月十七日、「甲州の人数モ村上殿も身をぬかる、分ニ候て」（「神使御頭之日記」）とあるように、武田氏と村上氏を出し抜く恰好で、頼重は上杉憲政と単独講和した。このため上杉軍は佐久郡芦田（同立科町）地方をかきまわしただけで、上野国（群馬県）へ引き上げた。上杉憲政としても、上野国内で内訌《ないこう》が生じ、また小田原北条氏の侵攻が確実となった情勢下で信濃での合戦に踏み切る余力はなかったという（平山二〇一五）。

上杉軍は、海野領などの奪回を果たせぬまま、長窪・芦田郷をはじめとする地域を諏訪氏に割譲し、そのほかの地域を上杉領とする領土画定を実施し、撤退したのである。

「神使御頭之日記」の同年七月条に、上杉軍が引き上げたあと、「芦田の郷ニハぬしもなき体ニ候間、頼重知行候て、芦田方の子息此方之家風ニなられ候間、其かたへ彼郷をいたさせられ、同十七日ニ御帰陳（陣）候」とみえ、諏訪頼重は帰途雨境峠《あめさかい》を選び、途中の芦田城を攻略しようとしたところ、まったく抵抗もなく城内には、幼少の芦田依田信守一人しかいなかった、まさに「主なき体」であったという。そして「芦田の子息此方の家風になじみ候間」と、つまり信守が諏訪氏の家風になじんだ（仕えた）ので芦田郷を安堵し、頼重は同十七日には諏訪に帰陣している（「神使御頭之日記」）。いずれにしても、芦田郷は諏訪氏の支配下となり、幼き芦田依田信守がこの時点で諏訪氏に帰属したのである（柴辻二〇〇五)。

翌十一年七月四日、武田氏に降った頼重であったが、翌五日、甲府に連行され、七月二十一日、甲府板垣の東光寺《とうこうじ》(甲府市)において、武田氏の命により生害した。ここに、諏訪氏嫡流は亡びた。

芦田依田信守は諏訪氏滅亡後も在所にあって、大井氏・望月氏らと共に武田氏には抵抗していたようだ(柴辻二〇〇五)。

信守、武田氏に仕える

天文十二年(一五四三)九月、武田晴信《はるのぶ》(のちの信玄。本書では以降、信玄で表記統一する)は大挙して佐久・小県郡に兵を進めた。諏訪氏滅亡後、村上氏に通じ武田に反旗を翻した長窪《ながくぼ》城(長野県長和町)、望月《もちづき》城(同佐久市)を攻め、望月一族を殺害し、長窪城主・大井貞隆《おおいさだたか》を生け捕りにして、二十一日に甲府へ送った。この頃、信守は武田氏に降ったものと思われる。「千曲之真砂《ちくまのまさご》」の芦田城の項には、「天文十二年武田晴信《(信玄)》出馬、信守武田に降り、先手の将と為《な》る」とあり、「信州先方衆」となっている。土屋昌次《つちやまさつぐ》の与力として、百五十騎の将にして、武石三十騎・丸子三十騎などを組下とした(「甲陽軍鑑」品第十七、「信陽雑誌」巻之十八)。

芦田氏の領している芦田郷附近は、武田氏が村上義清を攻める要路に当たっていたので、信玄はとくに信守を重んじて、その先鋒に任じたという(信濃史談会編一九一四)。

春日城を再興し、本拠地を移す

天文十七年（一五四八）七月、小笠原長時《ながとき》との戦い（塩尻峠《しおじりとうげ》の戦い）で信守は活躍する（「甲陽軍鑑」品第廿九）。

翌十八年（一五四九）三月九日、信守によって春日城（長野県佐久市）が再興された。「高白斎記」に「九日、芦田四郎左衛門、春日ノ城再興、四月三日、敵動《はたら》くにより、春日落城、味方勝利」とある。四郎左衛門は信守のことと思われ、春日城を修復して入城したという意味で、しかし直後に敵の村上義清方の攻撃で落城したが、最後は武田方が勝利したという内容であろう（柴辻二〇〇五、武田氏研究会編二〇一〇）。

そして信守は、防衛上の理由から本拠地を芦田城から春日城へ移している。「地の要害なるを認めて是に移住せり」（「信濃宝鑑」上、春日穴小屋城址）とある。そして麓に日頃生活する居館「春日館」を設けている（『長野県町村誌』東信編「春日村」「春日穴小屋城跡」ほか）。

戦功を積み重ねる

天文十九年（一五五〇）九月、武田信玄は、村上義清の小県郡における牙城・戸石《といし》城（長野県上田市）を攻囲した。義清は後詰《ごづめ》として戸石城救援に向かう。武田勢は前後に敵を迎え、苦しい状態においこまれ、十月一日朝、陣を捨てて佐久郡望月の方へ引き上げ始めた。

待ち構えた城兵は城門を開いて総反撃に出て、武田勢の殿《しんがり》の部隊に襲いかかる。武田勢は総崩れとなり、横田高松《よこたたかまつ》・渡辺雲州《わたなべうんしゅう》はじめ多数の戦死者を出した。そのほかの者も鎧《よろい》・甲《かぶと》や武具などは皆捨てて、命からがら逃げ延びた。武田の殿《しんがり》軍は追尾の村上勢と終日戦ったが、前後十二時間にわたる悪戦苦闘の末、酉刻《とりの》（午後六時頃）に至ってようやく村上勢を退けることができたという（磯貝一九七七）。これを武田方では「戸石崩れ」という。この戸石城攻囲には芦田依田信守も加わっている。

同二十二年（一五五三）八月、村上義清は武田信玄に逐われ越後の長尾景虎《ながおかげとら》（のちの上杉謙信《けんしん》・以下、上杉謙信で表記統一する）を頼った。これが契機で、武田、上杉氏による「川中島《かわなかじま》の戦い」が五度にわたり行われた。もっとも激戦となったのが永禄四年（一五六一）の合戦である。

山本勘助が、一、二万の御人数を二手にわけ、一万二千を夜陰に紛れて、上杉謙信の本陣妻女山《さいじょさん》（長野県長野市・千曲市）攻撃に向かわせ、明日九月十日の卯刻（午前六時頃）に合戦をしかければ、上杉軍は勝敗に関わりなく、下山し、川を越えて退却するであろうから、その帰路に信玄本隊八千人が待ち構え、これを挟撃、撃滅するという作戦を提案した。

信玄はこれを採用する。そして芦田依田信守は、春日虎綱《かすがとらつな》を案内役に、飯富虎昌《おぶとらまさ》・馬場信春《ばばのぶはる》・真田幸綱《ゆきつな》・小山田虎満《おやまだとらみつ》・甘利昌忠《あまりまさただ》・相木市兵衛《いちべえ》（依田能登守）、小山田信有《のぶあり》衆、小幡《おばた》尾張守らと共に妻女山を襲撃する別動隊に加わり活躍している（「甲陽軍鑑」品第卅二、「一徳斎殿御事蹟稿」下之巻「甲越信戦録」巻之七）。

永禄六年（一五六三）二月、信玄が上州に兵を進め、国峰《くにみね》城（城主小幡《おばた》図書助《ずしょのすけ》。群馬県甘楽《かんら》町）・松《まつ》井田《いだ》城（城主安中《あんなか》越前守。同安中市）・箕輪城（城主長野信濃守。同高崎市）などの数城を抜いたとき、芦田依田信守が、遊軍の隊長として参陣し、戦功をあげ、「黒字折掛《おりかけ》」（旗指物の旗《はた》の乳付《ちつき》＝棹《さお》を通す部分）の上部の金具使用が認められたという（「寛永諸家系図伝」依田信守譜文、大井敏夫訳「岩尾家譜」）。

伴野氏との境界争い

芦田依田氏の所領は信守の時代の永禄七年（一五六四）には所領一万貫で、そのほか依田庄に隠し地四百貫、伴野《ともの》領の中根際《ねぎ》に百二十貫の飛び地があった。ここは元来、丸子《まるこ》氏領であったが、その臣であった重田《しげた》氏が支配していた。

伴野氏にとっては、自領内に芦田依田氏の飛び地もあり、さらに両氏の境界があいまいで、「芦田主と伴野ノ主と堺を論ず、其地は佐久郡石付、根際の郷なり」と「四鄰譚藪《しりんたんそう》」巻之七にある。この紛争に対し、同年三月、信玄は小人頭《こびとがしら》荻原甚之丞《おぎわらじんのじょう》、近習頭《きんじゅうがしら》窪田豊左衛門《くぼたとよさえもん》を岩村田《いわむらた》普賢堂《ふげんどう》に派し、双方のいい分を聞き調停にあたらせたが、いずれも主張を譲らず不調におわっている。

この報告を受けた信玄は、譜代家老原隼人佑を奉行としてこれを扱わせた。隼人佑は伴野、芦田依田双方の重臣を呼び対決させることとし、これに先立ち双方の所領を実地見分するため、検地奉行に上原筑前、添人に武者右京進・桜井佐渡を命じ、甲州から横目付（監察）として、今ほと丹波・小幡又兵衛・塚原某が出役して検地を行った。結果は芦田依田氏は一万貫のところ一万五百二十貫、伴野氏は三千五百貫が実際には三千三百八十貫しかなかった。

三月七日、対決のために双方から出席したものは芦田依田方勘定奉行依田妙清寺（光慶）、重臣小林縫之助、周防六左衛門、工藤右京進、岩下甚左衛門、伴野方は勘定奉行伴野一楽斉（貞秀）、重臣高柳長津、茂木左京之助、高橋丹波、白倉加賀であった。隼人佑から検地の報告を受けた信玄は、依田氏の五百二十貫を没収し、根際百二十貫は丸子豊後に戻させ、伴野氏には不足分百二十貫文として横沢・山浦（望月町布施）を与え、伴野氏はここを丸子豊後と交換し、根岸における側腹の脅威を除いている（「市川五郎右衛門等裁定状」、市川一九九四）。

三、武田氏に仕えた信守・信蕃父子の戦い

信守・信蕃父子、武州御嶽城を守る

永禄八年（一五六五）五月、武田信玄は西上野に攻め入り安中（群馬県安中市）、次いで九月二十九日倉賀野《くらがの》城（同高崎市）を攻略し、翌九年（一五六六）九月には西上州一の堅城箕輪《みのわ》城（高崎市）を攻略し、長野業盛《なりもり》を滅ぼした。信玄は内藤昌豊《まさとよ》を箕輪城に在城させ西上州の郡代とした（木内二〇〇二）。箕輪城を攻略して西上州を完全に手中に収めた信玄は、長野氏に与した勢力の所領を没収し、諸将の配置を改めて支配地を固めた。西上野には信玄の所領安堵、あるいは宛がいの印判状が残されているという（『多野藤岡地方誌』総説編）。

このとき、神流川《かんながわ》流域も武田の勢力下に入り（『神川町誌』）、芦田依田信守・信蕃父子が上野国藤岡（群馬県藤岡市）一帯の支配を任せられたようで、「上野の我等知行の内、浄法寺と申す所に罷り在り候」（「芦田記」）とあり、多野郡鬼石《おにし》・浄法寺《じょうほうじ》地域（藤岡市）に進駐、保美《ほみ》に「芦田川屋敷」（藤岡市）を構え住した（『日本城郭大系』4、『鬼石町誌』『神川町誌』）。信蕃（十九歳）は諏訪茶臼山《ちゃうすやま》城（長野県諏訪市）に人質として留め置かれていたのが開放され、父・信守と共に派遣されている。

当時、浄法寺地域には、有力領主として台頭してきた浄法寺城（藤岡市）の長井《ながい》政実《まさざね》がいたが（『鬼

藤岡周辺の芦田依田関連史跡

石町誌』）、武田の勢いに押されこれに従った。当時、政実は三ッ山（藤岡市）、御嶽《みたけ》（埼玉県神川町）の両城も支配下に置いていたという（『上州の城』下「藤岡城」）。

そこで、武田氏は境目の城である御嶽城を番城とし、信守・信蕃父子に在城させたという（『藤岡町史』『神川町誌』ほか）。いずれにしても芦田依田、長井の両氏は浄法寺地域に並住したことになる。もっとも、倉賀野城に金井《かない》淡路守と垪和《はが》伯耆守とが並住した例もあるので肯定できるという（山崎一九七六）。

信守の藤岡築城計画

信守は、永禄九年（一五六六）七月二十七日、信濃国一之宮諏訪大社の上社と下社（長野県諏訪市）から剣一口《ひとふり》、鏡一面を請《こい》受け、神霊《しんれい》として藤岡南山の地に上社《かみのやしろ》、現在の諏訪神社（群馬県藤岡市）の場所に下社《しものやしろ》を奉斎《ほうさい》したという。また、信守は富士浅間《ふじせんげん》神社（藤岡市）を崇敬し、社殿を改造し、太刀《たち》などを奉納している（『藤岡町史』富士浅間神社）。

同十一年（一五六八）、信守は新たな支配地拠点を藤岡（藤岡市）の地と定め、築城を計画し、嫡子・信蕃をして縄張りをさせた。その地はおおよそ今の根岸・小林にあって堀の内という字《あざ》がそれであるという（『藤岡町史』『立科町誌』歴史編上）。

ところが、同年十二月、武田信玄は駿河の今川氏真《いまがわうじざね》（義元《よしもと》の子）を討つため出陣、このとき、信守・信蕃父子も出陣を命ぜられたため、藤岡（堀ノ内）築城計画は中止することになった（山田ほか一九八二、藤岡市教育委員会文化財保護課編二〇一二ほか）。したがって、信守・信蕃父子が浄法寺地域に在住したのは、わずか二年余りであった（「芦田記」「芦田先祖記」『立科町誌』歴史編上）。

駿河薩埵《さった》山・薩埵浜の戦い

永禄十一年（一五六八）、徳川家康と今川領分割の密約を交わした武田信玄は、十二月六日、ついに甲駿相の三国同盟を破棄し、甲州を発し駿河《するが》（静岡県）に侵攻を開始、富士氏の大宮《おおみや》城（静岡県富士宮市）を攻撃する（「甲陽軍鑑」、大石二〇一八）。十二日、信玄は駿河の由比《ゆい》（静岡市清水区）近傍の松野《まつの》に布陣した（「家忠日記増補」三）。十二月十九日付北条氏照《うじてる》書状に「駿（今川）・越（上杉）示し合わせ、信玄滅亡の企取りなされ候」（「春日俊雄氏所蔵文書」）と、氏真が越後の上杉謙信と結んで信玄を滅ぼそうとしたことが、駿河へ出陣した理由であると主張している（「上杉文書」、黒田編二〇一三）。西上野から移動して来た信守・信蕃父子はこの武田軍に加わっている。

これに対し、十二日、今川氏真は興津の清見寺《せいけん》（静岡市清水区）を本陣とし、先鋒を薩埵山《さった》倉沢《やまくらさわ》（静岡市清水区）に置いて武田軍と対峙し、同じ十二日、武田軍は薩埵山（峠）で今川氏の兵と戦闘があったという（「京都府赤見家文書」「赤見文書」）。

「ときに信守男信蕃とゝもに、（略）父子先隊して兵を駿府にすゝめ、今川氏其《（真）》が兵と薩陲の濱にたゝかひこれを敗る」（「寛政重修諸家譜」巻第三百五十六「信守譜文」）とあり、薩埵浜の戦いで先鋒として信守・信蕃父子が活躍したという（「越前福井芦田氏家伝」「寛政重修諸家譜」巻第三百五十六「信守譜文」、「千曲之真砂」巻之八）。この戦いは小競り合い程度のものであったようだ。

十二月十三日、武田勢は今川勢を追い、上原（静岡市清水区）あたりに陣を取って駿府《すんぷ》城（静岡市葵区）を包囲した。今川勢の中からは内応する者が続出し、とうとう氏真は「徒者二十余人ヲ卒シテ」（「家忠日記増補追加」）、重臣の朝比奈泰朝《あさひなやすとも》の居城である遠州掛川《かけがわ》城（静岡県掛川市）へ敗走（「家忠日記増補追加」「歴代古案」一、「享禄以来年代記」ほか）、信玄は駿府を占領した。

武田軍が小田原城を攻める

信守・信蕃父子が去ると、長井政実は北条方に変じ、永禄十二年（一五六九）六月十日、武田領多《た》胡《ご》郡に侵攻している（黒田編二〇一三）。七月一日、安保泰通《あぼやすみち》が北条氏康より武州御嶽《みたけ》城（埼玉県神川町）

の主権が認められ城主として復活した（「安保文書」）。

同年八月二十四日、信玄は甲府を出陣し、信濃から碓氷峠を越えて西上野へ入った（「山吉文書」「上杉文書」）。信玄の小田原城（神奈川県小田原市）攻めの遠征である。信守はこの遠征軍に加わっている。九月、信玄は西上野から武蔵に入り、九日に御嶽城に攻め寄せた。北条方は「敵百余人討取」、験《しるし》（首）を小田原へ送っている（「上杉文書」「御書集九」、黒田編二〇一三）。

武田軍は、十日には北条氏邦《うじくに》の居城鉢形《はちがた》城（埼玉県寄居町）を攻撃した（「上杉家文書」、「御書集」九）。さらに、武田軍は相模中郡に侵攻（「山吉文書」）、滝山《たきやま》城（東京都八王子市）を攻め、そして小田原へ向けて、相模川を渡河する。この渡河のときの先陣に、内藤昌秀《まさひで》・小山田信茂《のぶしげ》・諏訪頼忠《よりただ》・安中景《かげ》繁《しげ》・保科正俊《ほしなまさとし》・相木昌朝《まさとも》らと共に信守の名が見える（「甲陽軍鑑」品第卅五、「武田三代軍記」巻十四、『上里町史』通史編上巻）。

武田軍は、九月二十七日には北条氏の本拠小田原城に迫り（「御書集」九、黒田編二〇一三）、十月一日、信玄は北条氏の本拠小田原城を包囲し、城下に放火した後、十月四日には津久井領に向けて撤退した（「上杉文書」「山吉文書」、武田氏研究会編二〇一〇）。そして、六日早朝、津久井領・中郡の境目である相模国三増《みませ》峠（神奈川県愛川町）で戦った。この戦いの北条軍の中に信守の名を見ることができる（「武田三代軍記」巻十四）。

信守・信蕃父子、蒲原城の守備につく

永禄十二年（一五六九）十二月一日、武田信玄は再び駿河へ出陣する。駿河に侵入した信玄は、駿府を攻める前に障害となる蒲原城《かんばら》（静岡市清水区）を攻めた。十二月四日、岩淵の宿を焼き打ちにし、六日には蒲原城を攻撃した（小和田ほか一九八四、黒田編二〇一三）。

今川勢は薩埵山《さったやま》には駿河衆（今川旧臣）の岡部《おかべ》和泉守や北条氏の家臣たち、蒲原城には北条一門の新三郎綱重《しんざぶろうつなしげ》（氏信《うじのぶ》）や家臣たちが守備していた（本多二〇一〇）。六日に蒲原城の根小屋《ねごや》を放火したところ、在城衆が打って出て来たため合戦となった。武田勝頼《かつより》（信玄の四男）や同信豊《のぶとよ》（信玄の甥）の奮戦により、城主北条新三郎氏信・長順《ちょうじゅん》兄弟以下、清水《しみず》・笠原《かさはら》・狩野介《かのうのすけ》以下を全滅させ（「真田家文書」「甲陽軍鑑」「北条記」）、勝ちに乗じて一挙にこれを攻略した。

また、薩埵山砦に陣取っていた北条軍は蒲原城の落城によって孤立したため、十二日に小田原方面へ撤退「自落」した（「矢崎家文書」）。信玄はその後も蒲原城に留まり、城の修復を行った（武田氏研究会編二〇一〇）。

そして、信玄は山県昌景《やまがたまさかげ》を蒲原城の城番とし（本多二〇一〇）、信守・信蕃父子に蒲原在番を命じている（『戦国人名辞典』）。「駿河記」巻二十庵原郡巻之一の蒲原城址の項に「また武田領になりて、芦田下野守《（信守）》を守衛に置かれると云」（「駿河記」巻二十庵原郡巻之一）とある。さらに、十三日、信玄は今川館に立て籠もっていた岡部正綱《まさつな》らを帰属させ、駿府を再占領した（武田氏研究会編二〇一〇）。

これによって、北条方は富士川以西の駿河における拠点を失うことになり、武田方に対する駿河での防衛拠点は、興国寺城（静岡県沼津市）と深沢城（同御殿場市）とに後退することになった（本多二〇一九）。

信守・信蕃父子が武蔵御嶽城を守備した年代

「芦田記」「芦田先祖記」によると、年月は不詳であるが、信守・信蕃父子は武州御嶽城（埼玉県神川町）に「二年が間在城候由」と二年間ほど守り、神流川対岸の上州浄法寺《じょうほうじ》（群馬県藤岡市）というところに居住していたという（資料①）。

【資料①】

其後年月覚不申候へ共、武蔵の内上野の境御嶽の城に居被申候、我等為には祖父下野守信守被致在城候節、常陸介も彼地へ被参、父子一所に二年が間在城候由、家老の者近年迄其物語仕候、上野の我等知行の内、浄法寺と申所に罷在候時、御嶽奉尊事家老共物語仕候、御嶽と浄法寺と同前に御座候、城は御嶽、町は浄法寺にて御座候得共、城の根に川御座候間、城は武蔵の内、町は上野の内浄法寺にて御座候

（「芦田記」＝『信濃史料叢書』下、八三一頁。傍線は著者）

それでは、信守・信蕃父子が武州御嶽城を守った年代はいつであろうか。【説一】【説二】の二説ある。

武蔵御嶽城関連略年表

年度	西暦	芦田依田氏	武蔵御嶽城	備考
文明十二	一四八〇		安保吉兼、築城する(『埼玉県の地名』七二三頁)。	
天文三	一五三四		安保全隆、金鑽(かなさな)神社に多宝塔を建立する(『埼玉県の地名』七二三頁)。	
天文二十一	一五五二		二月十一日、北条氏康、上杉憲政方の御嶽城を攻める。三月、御嶽城、北条方に落とされ、安保氏、北条氏に降る(『埼玉県の地名』七二二頁)。	一月十日、上杉憲政、平井城を出て、各地を転々とする。五月、上杉憲政、越後に走る。
永禄四	一五六一		安保氏、長井氏とも上杉謙信に出仕する(「関東幕注文」)。御嶽城、上杉軍の拠点になる。	三月、上杉謙信、小田原城を攻める。六月二十八日、上杉謙信、越後に戻る。
永禄五	一五六二		七月十七日、北条氏邦、秩父氏に御嶽方面への侵攻を命じる(「小田原編年録」)。八月四日、北条氏邦、用土重連に御嶽城の動向を問い、御嶽方面の警戒を命じる(「管窺武鑑」)。	
永禄六	一五六三		このころ、御嶽城の安保氏、北条方となる。五月十日、北条氏康・氏政父子、安保晴泰・泰通に藤岡市の全域などの所領を与える(「安保文書」)。十二月九日、北条氏康、上杉氏支援のため、御嶽に着陣予定を伝える(「新編会津風土記」)。	十二月、武田信玄、上杉方箕輪城を攻める。
永禄七	一五六四		このころか、北条氏により、浄法寺の長井政実、安保氏に代わり、御嶽城主に取り立てられ、神流川東岸一帯の支配を任せられる(『上里町史』通史編上、四五三頁)。	
永禄九	一五六六	【説二】芦田依田信守、上野国浄法寺に進駐、芦田川屋敷	長井政実、武田に属し、三ツ山城に住する。	九月二十九日、武田信玄、箕輪城を攻略する。神流川

三、武田氏に仕えた信守・信蕃父子の戦い

（永禄九）	（一五六六）	に住し、御嶽城を守る（『神川町誌』五三一頁ほか）。信守、藤岡の地に上社・下社を奉斎する（『藤岡町史』一四六六頁）。		流域も武田の勢力下に入る（『神川町誌』五三〇頁）。
永禄十一	一五六八	信守、藤岡城の築城を計画する。十二月、藤岡城築城計画中止、信守、駿河へ。【説A】十二月、信守・信蕃父子、蒲原城を守る（「寛政重修諸家譜」依田信守）。十二月十二日、信守・信蕃父子、薩埵が浜で戦う。	長井政実、北条方に転ずる。	十二月六日、信玄、駿河へ進攻する。同十二日、薩埵峠で北条勢と戦う。同十三日、武田軍、駿府を占領する。同十四日、北条氏の援軍、蒲原城に入る（「御感状之写并書翰上」）。同十八日、蒲原城に北条氏信ら在城が確認（「上杉家文書」）。
永禄十二	一五六九	【説B】十二月、信守、信蕃父子、蒲原城在番を命じられる（『戦国人名辞典』依田信蕃）。	六月十日、長井政実、武田領多胡郡に侵攻（「仁叟寺文書」）。七月一日、北条氏康、安保泰通に対し、御嶽城の主権などを認める（「安保文書」）。九月九日、武田軍、攻め寄せる、北条方「敵百余人討取」験を小田原に送る（「上杉文書」）。	六月九日、越相同盟成立（『武田氏年表』一六七頁）。十二月六日、武田軍、蒲原城を落とす（「真田家文書」ほか）。
永禄十三（元亀元）	一五七〇	【説二】信守・信蕃、御嶽城を守備する（「寛政重修諸家譜」）。	六月五日、武田氏、御嶽城を攻略、長井政実、武田氏に従属する（「太田文書」）。	八月、武田軍、駿東郡興国寺城などを攻める（『武田氏年表』一七一頁）。
元亀二	一五七一			十二月二十七日、甲相同盟が復活。
元亀三	一五七二	十二月二十二日、信蕃、三方ヶ原の戦いに参陣。十二月二十八日、信守、美濃上村で戦う。	十一月六日、御嶽城は武田方から北条方に譲られることとなる（『北条氏年表』一四三頁）。	十二月二十二日、三方ヶ原の戦い。

御嶽城を武田軍が攻略した年代に着目してみよう。まず、「武州御嶽城関連略年表」を参照してほしい。永禄十三年（一五七〇）六月五日に、武田軍は北条方の御嶽城を攻略している（「太田文書」＝『戦国遺文武田氏編』一五六一号）。元亀二年（一五七一）十二月には、甲相《（武田・北条）》同盟が復活し、翌三年十一月六日に、御嶽城は武田方から北条氏に譲り渡されることになった（黒田編二〇一三・一四三頁）。

このことから、信守・信蕃父子が、永禄十三年（一五七〇）六月から元亀三年（一五七二）十一月の間で、御嶽城を「二年間ほど守り」に該当し、しかも芦田依田父子に関して、この間の事蹟を記す資料も見当たらないことから可能性はある。これが【説一】である。この【説一】を採用している書が、「寛政重修諸家譜」『新編武家事紀』六一六頁、『小県郡志』三一二頁、大沢一九七五・一〇三頁、田中二〇一六・二八六頁などである。

ところで、資料②によると、信守・信蕃父子が御嶽城を守ったのは、武田信玄が今川氏真《うじざね》退治のために駿河へ侵攻する以前のことになっている。信玄が駿河への侵攻を開始したのは永禄十一年（一五六八）年のことであり、資料①・資料②の記事内容が史実とすれば、【説一】はありえないことになるであろう。

【資料②】

後に父芦田下野守信守、武蔵上野の境、御嶽城を守るにより信蕃同居す。信玄、今川氏真退治として、駿州へ発向の時、父子蒲原城を守り、薩埵濱にて父子粉骨を竭す

（「越前福井芦田氏家伝」＝『長野県町村誌』東信編「芦田村」、二五一七頁。傍線は著者）

『藤岡町史』一五三三頁、『藤岡市史』通史編近世・近代・現代の七頁などは、信守・信蕃父子が武州御嶽城に入った年代を永禄九年（一五六六）のこととする（【説二】）。同年九月二十九日、武田信玄は上州箕輪城（群馬県高崎市）を攻略し（「長年寺受連証文」＝『山梨県史』資料編5県外文書・三一五号）、十二月初には、信玄が上州に出陣し、箕輪城に在陣したという（「長岡市中央図書館所蔵文書」＝『上越市史』別編1上杉氏文書一・五四五号）。このころ、藤岡地方も武田領となっており（『藤岡市史』通史編近世・近代・現代、八頁）、神流川流域も武田の勢力下に入ったという（『神川町誌』五三〇頁）。

当時、浄法寺一帯に勢力があり、小田原北条氏から、御嶽城主に取り立てられていた長井政実《まさざね》という領主がいた（『上里町史』通史編上巻・四五二頁）。政実は北条氏と武田氏の勢力圏の重なる地域の領主であるため、武田氏の圧力が迫ったことにより、武田氏に従属したようだ。信守が、藤岡・浄法寺一帯を信玄から宛がわれ、浄法寺に進駐、芦田川屋敷に住み（『神川町誌』五三一頁、『藤岡町史』一五三三頁、『藤岡市史』通史編近世・近代・現代・七頁）、政実の支配していた御嶽城に入ったという。永禄十一年（一五六八）に、信玄が今川氏真退治のため駿河侵攻にあたり、信守・信蕃父子は駿河の戦場に呼ばれ、浄法寺地域から退去している。浄法寺地域にいたのはまさに「二年間ほど」である。

これを裏付ける一次史料は現在発見されていないが、信守は、永禄九年（一五六六）七月二十七日、信濃国一之宮諏訪《すわ》大社の上社《かみのやしろ》、下社《しものやしろ》から剣一口《ひとふり》、鏡一面を請《こい》受け、神霊として藤岡南山の地に上社、現在の諏訪神社（藤岡市）の場所に下社を奉斎《ほうさい》したとか、富士浅間神社（藤岡市）を崇敬し、社殿を改造し、神社の什物として、「永禄九年、芦田下野守信守奉納、一短刀一口、七寸、作者不詳」とあり、太刀などを奉納している（『藤岡町史』富士浅間神社、一四五七頁）。このことから、【説二】の可能性は大であろう。本書では、【説二】を採用している。

ところで、信守・信蕃父子が駿河蒲原城《かんばら》（静岡市清水区）を守った年代についても【説A】【説B】の二説ある（「武州御嶽城関連略年表」を参照）。まず、資料②に永禄十一年（一五六八）「今川氏真退治として、駿州へ発向の時、父子蒲原城を守り」とあり、これが【説A】永禄十一年説である。【説A】を採る書は、「寛政重修諸家譜」『北佐久郡志』、田中二〇一六・二八六頁、山田ほか一九八二・二四七頁などである。

しかし、この年、武田方は駿河蒲原城を確保していないように思われる。というのは、武田信玄が駿河に侵攻したのが十二月六日のことであり、十二月十四日付、北条氏政が蒲原在城衆に宛てた書状に「加勢衆肝要之曲輪へ被移候哉」（「御感状之写并書翰上」＝『戦国遺文後北条氏編』一一一六号）とあり、当時、蒲原城には北条方の在番衆が守備しており、そこに北条氏の援軍が増強されたことを示しており、同月二十八日には、「玄庵之息新三郎陣所かんはら（蒲原）」と、同城に北条氏康の叔父宗哲《そうてつ》（長綱《ながつな》）の次男・氏信《うじのぶ》が在城している（「上杉家文書」＝『上越市史』別編1上杉氏文書集一・六三五号）。したがって、永禄十一年当時、北条軍の守備する蒲原城に、信守・信蕃父子が入城することはなさそうである。

武田氏が蒲原城を攻略したのが翌十二年（一五六九）十二月六日のことで、城主北条氏信・清水新七郎・狩野介などが討ち取られ落城、信玄は山県昌景《まさかげ》を配備したとある（「真田家文書」＝『戦国遺文武田氏編』一四八〇号）、したがって、信守・信蕃父子が蒲原城の在番を命じられたのは永禄十二年のことになろう（『戦国人名辞典』「依田信蕃」・一〇四一頁）。これを【説B】とする。本書では、この【説B】を採用している。

永禄十二年以降、武田氏と北条氏の戦いの地は駿東《すんとう》郡に移り、蒲原城付近での合戦は発生していない（武田氏研究会編二〇一〇、黒田編二〇一三）。資料②に、信守・信蕃父子が蒲原城に入った後に、「薩埵濱にて父子粉骨」という戦いはなかったと考えられる。薩埵浜《さったはま》の戦いは、「今川氏其《（真）》が兵と薩陲の濱にたゝかひこれを敗る」（「寛政重修諸家譜」巻第三百五十六「信守譜文」）と、今川氏真との戦いであり、永禄十一年（一五六八）十二月のことと思われ、「越前福井芦田氏家伝」の記録は誤りであろう。

東美濃の攻防

東美濃（岐阜県）の遠山《とおやま》一族は武田・織田両氏に両属のかたちを維持していた。岩村《いわむら》遠山景任《かげとう》、苗木《なえぎ》遠山直廉《なおかど》兄弟は、武田氏の支援要請を受け、飛騨《ひだ》（岐阜県）に出陣し、飛騨衆を制圧して帰還した。だが、直廉は負傷し、それがもとで元亀三年（一五七二）五月十八日に死去した。そればかりか、遠山景任も、八月十四日に死去したのである。岩村・苗木遠山氏は、当主不在という

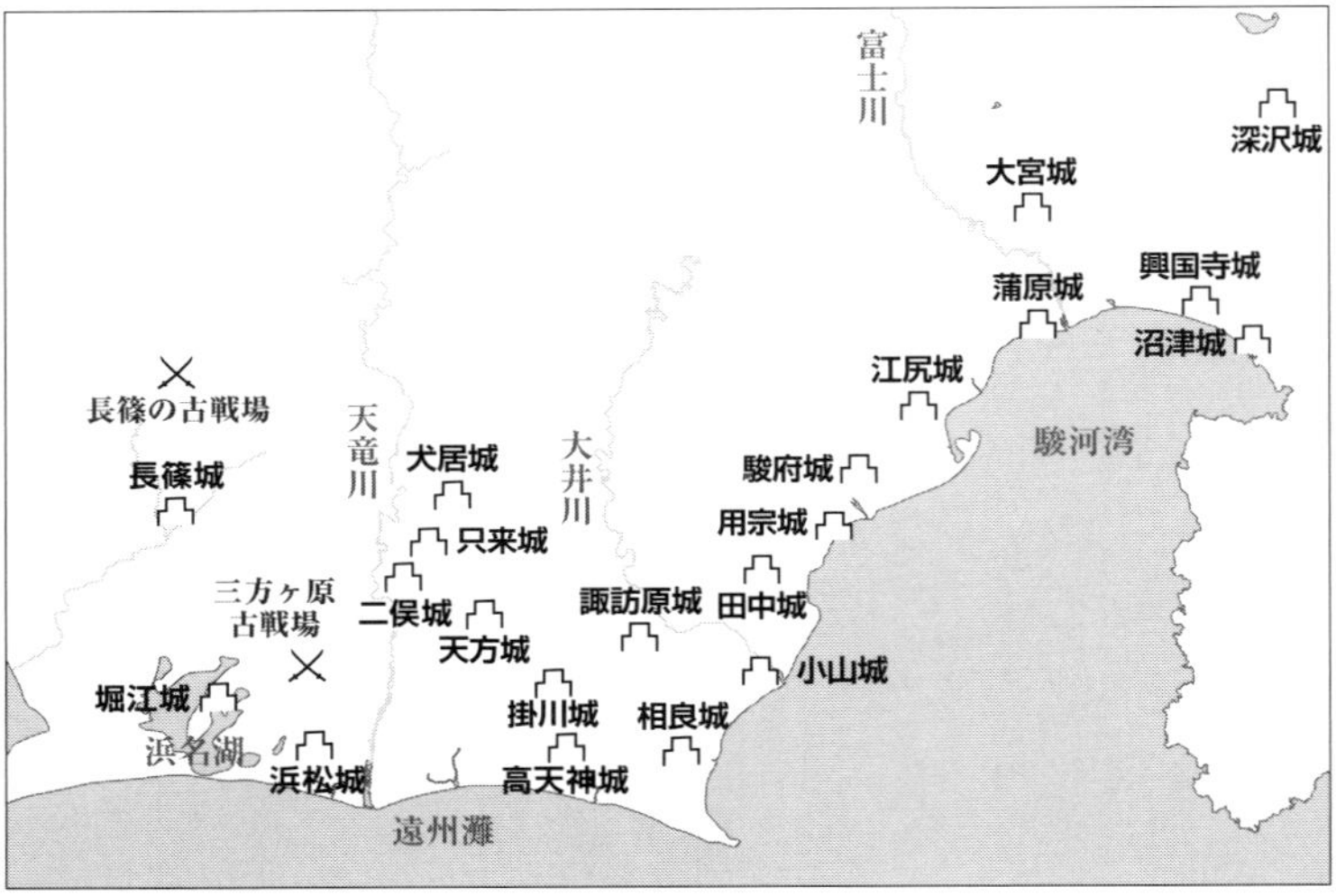

遠江・駿河の諸城

異常事態に陥っていた（平山二〇二二）。

十月、織田信長が当主不在となった東美濃岩村遠山氏、苗木遠山氏のもとに、信長庶兄・織田信広《のぶひろ》、重臣・河尻秀隆《かわじりひでたか》の軍勢を派遣して来たのである。信玄の遠江侵攻により、信玄敵対を知った信長が、遠山領確保による美濃の完全掌握に動いたのである（平山二〇二二）。さらに、信長は、四男・御坊丸《ごぼうまる》を岩村遠山氏へ、遠山友勝《ともかつ》（飯狭間遠山氏）を苗木遠山氏の当主として、それぞれ送り込んだのである。だが、これに反発する勢力が、岩村遠山家中をはじめ、遠山一族の中にはいたらしい。十月十八日付河《かわ》田重親《だしげちか》宛て上杉謙信書状に「城主取り合い、敵数多《あまた》討ち捕り、敵追い払い候、則織田信長兄弟ニ候織田三郎五郎（信広）・河尻与兵衛（秀隆）、遠山岩村へ入れ置き、遠山七頭織田手に入れられ候」（「歴代古案」一）とあり、織田勢と合戦になり、多くの武田派の人々が討ち取られたと記されている。こうして信長は、武田・織田両属の立場を取る遠山一族を、織田方に編入したのである。

まもなく、東美濃に進駐していた織田信広・河尻秀隆らは兵を引き上げたようである。

この重しが去るや、岩村城では家中が分裂し、今度は武田方が実権を掌握して織田方を放逐し、信玄に支援を求めて来たのである。

岩村城が武田氏に味方したことについては、延友信光《のぶとものぶみつ》宛に、信長嫡男の信重《のぶしげ》（のち信忠《のぶただ》）も「岩村逆心」と報じている（「上原準一氏所蔵文書」）。

すなわち岩村城は武田方に攻められて落城したわけではなく、「岩村逆心」、つまり、岩村城が自発的に武田氏に味方したことを示している。朝倉義景《あさくらよしかげ》宛の信玄書状などで、「濃州岩村味方に属し」「岩村の城当手に属し」とあって、岩村城の遠山氏は武田氏に自発的に従属したのである。

これを知った信玄は、ただちに岩村城の接収のため、軍勢の派遣を決定した。信玄は、山県・秋山軍と共に井平《いだいら》城（浜松市北区）に在陣していた、下伊那衆下条信氏《しもいなしゅうしもじょうのぶうじ》（伊那国衆、長野県下伊那吉岡《よしおか》城主）を岩村に派遣した（「当代記」一）。十一月十四日、下条信氏は岩村城を請け取り、武田方は軍勢の配置を完了した（「徳川黎明会所蔵文書」「鷲見栄造氏所蔵文書」）。

十一月十九日付、郡上の遠藤胤勝《えんどうたねかつ》宛の信玄書状に「就中《なかんずく》去る十四日岩村城請取なり」（「鷲見栄造氏所蔵文書」）とある。

武田方が二俣城を攻略する

徳川方の二俣城《ふたまた》（浜松市天竜区）は天竜川を要害と見立てた城であったが、背後には二俣川も存在し、正に堅固そのものであった。城主中《なか》根正照《ねまさてる》をはじめ、青木吉継《あおきよしつぐ》や松平康定《まつだいらやすさだ》が浜松より加勢として籠城していた。

元亀三年（一五七二）十一月中旬頃、武田勝頼・武田信豊《のぶとよ》・穴山信《のぶ》君《ただ》を大将とする武田軍は二俣城を包囲した。勝頼の兵は昼夜を分かたず攻撃を繰り繰り返したが、城兵は天険《てんけん》に拠ってよく防ぎ、陥落させることができなかった。

二俣城復元井戸櫓（清龍寺境内） 浜松市天竜区

信玄が十一月十九日付で朝倉義景に送った書状（「古今消息集」五）に、「去月三日甲府を出で、同十日当国へ乱入、敵領残らず撃砕し、二俣と号する地取り詰め候」とあるから、十一月十九日現在なお包囲中であったことが知られる。

そして水の手を断つことになり、天竜川の水を汲み上げるために断崖上から水中におろしていた釣《つる》瓶縄《べつな》を、上流から筏《いかだ》を流して何度も激突させてこれを切ってしまった（「三河物語」三下）。

水の手を断たれては籠城できない。十二月十九日、ついに武田勢と和睦して城を開け、城兵は浜松さして退却した（高柳一九五八、黒田編二〇一三ほか）。

このとき、家康は二俣城救援のため浜松から駈けつける途中で開城を知り、戦わずして帰った。城主中根正照や青木吉継、石川正俊《いしかわまさとし》らは、これを深く恥じて、これから三日後の三方ヶ原（浜松市北区）の合戦で討ち死にしている（「武徳大成記」巻八、『新編武家事紀』三方ヶ原の合戦、「寛政重修諸家譜」巻第百二十二「石川正俊譜文」ほか）。

二俣城を攻略すると、信玄は城の普請を行った。この普請は十二月二十七日頃には完了したようだ（「伊能家文書」）。そして、信玄は、二俣城の城将として三浦右馬助《うまのすけ》・小山田六左衛門《ろくざえもん》・小原《おばら》宮内丞《くないのじょう》らを置いた（浜松市生活文化部生涯学習課編二〇〇八）。二俣城本曲輪にある説明板「国指定史跡二俣城跡」（浜松市教育委員会、一九九六年）に、「元亀三年（一五七二）からの城主は三浦右馬助・小原宮内丞・小山田六左衛門であり、天正二年（一五七四）からの城主は依田《芦田》信蕃」と記されている。

十二月二十七日、彼らに条目を与え、その中で徳川方の「忍」に対する注意を説き、諏訪原へ伏兵を出すことを命じている（「友野文書」）。徳川方は奪取された二俣城の監視を続けていたのであろう（『天竜市史』上）。

信守、上村《かんむら》の合戦で奮戦

二俣城を攻め落とすと、武田信玄は、二俣城の普請を行ったのち、徳川家康居城の浜松へ向けて進軍した（「伊能家文書」）。元亀三年（一五七二）十二月二十二日、信玄は三方ヶ原（浜松市北区）で家康と戦って大勝した。この合戦には信長の援軍も参加していたが、平手《ひらて》汎秀《ひろひで》をはじめ千余人が武田方に討ち取られた。

この戦いでは、信蕃が信玄の旗本として参陣し、戦功があったという（「依田記」「越前福井芦田氏家伝」ほか）。

同月二十八日、信玄は越前の朝倉義景に三方ヶ原合戦の勝利と共に二俣城の普請が終わった旨を報じている（「伊能家文書」）。

さて岩村城を奪われた織田方は、遠山一族が結集し、岩村城と信玄の本陣や三河・信濃方面との連絡を遮断し、城を孤立させようとして、「明智之遠山民部《みんぶ》入道宗叔《にゅうどうそうしゅく》（景行）、一子勘右衛門尉《かんえもんのじょう》（後民部と号ス」（景玄）并山鹿《やまが》三方衆《さんぽうしゅう》東三河東美濃〔此時美濃ハ信長公持分三河ハ家康公持分〕手勢集りて五千餘人」（「苗木記」）が美濃上村《かんむら》郷（岐阜県恵那市）へ進出して来た。上村郷は、天文二十三年（一五五四）頃より、武田方で伊奈の下条氏の支配地になっていた（「武家事紀」）。「信玄公は東海道。是大手之備と聞き申し候。搦手《からめて》は我等親父下野守信守。搦手大将にて」（「依田記」）とあり、このとき、信守は搦手大将として、美濃上村に進出していたようだ。

十二月二十八日、遠山軍（宗叔）の五千の大軍に対し、信守の兵はわずか七百をもっての決死の対決であったが、敵将遠山宗叔を討つなど（「国事叢記」一）、奇跡的な勝利を収め大勝した（『立科町誌』歴史編上）。

わずかな手兵のため非常な苦戦に陥ったとき、味方の陣中から黒糸縅《くろいとおどし》の鎧に鍬形《くわがた》の兜《かぶと》を付け、葦《あし》毛《げ》の馬に乗り七尺の鉄棒を待った大武者が現れ「続け者ども」と大声によばわって敵陣に駆け入った。その働きは人間業とは見えなかった。味方はこれに元気を得て、ついに敵将宗叔を討って首を得ることができた。信守凱旋の後、かの葦毛の馬に乗った武者をたずねたが、いっこうに不明であった。しかし、戦勝礼祈願のため芦田城本丸跡に祭ってある木宮社《きのみや》（木ノ宮大明神）に参詣したところ、元来は馬など登れない場所にもかかわらず、境内に社前へ向かって馬の足跡がついていたので、孝玄の霊の加護によったものであろうといわれている（市川一九九四『立科町誌』民俗編）。

この戦いで、明智遠山入道宗叔（景行）は岩井戸砦（上村宇向戸）に陣していたが、傷を負い、五、六騎の兵と共に落ちのび自刃したともいう。下原《しもはら》田《だ》漆原《うるしはら》地内の遠山塚はその霊を祀った所である（『日本城郭大系』9「明智城」、『岩村町史』、『岐阜県の地名』「上村《かみむら》」）。一説には入道宗叔は信守の臣鞠子兵部が足軽に討たれたともいう（「芦田家系譜」『長野県歴史人物大事典』）。長子景玄も共に戦死した。

このとき明知城は落ち、岩村城と同様、武田方の持城となった（『日本城郭大系』9「明智城」）。長くこの地を支配していた遠山氏は、以後徳川家康のもとへ去り、遠山氏が再び旧領に戻るのは、関ヶ原戦後のことである（『岐阜県の地名』上村、『岩村町史』）。

なお、上村合戦のあった年代については諸説ある。

【説一】元亀元年説（「苗木記」「美濃国諸旧記」巻之五、「寛政重修諸家譜」巻第三百五十六「信守譜文」「武

田三代軍記」巻十五、「武徳大成記」ほか）。

【説二】元亀二年説（「安住寺碑銘」）。

【説三】元亀三年十二月説（「依田記」「国事叢記」一、「小里家譜」「明知御陣屋」乾ほか）。

【説四】元亀四年＝天正元年説（「巖邑府誌」巻之一、「遠山由来記」）。

上村合戦で戦死した遠山景行について、「于時《ときに》景行享年六十四歳、元亀三年十二月廿八日、上ミ村山頭ノ朝露ト消焉」（「明知御陣屋」乾）とあることから、本稿では【説三】を採用した。

ちなみに、上村合戦は秋山虎繁《とらしげ》が率いる別働隊と東美濃の遠山氏との戦いとする書もある（熊谷博幸「明知御陣屋」乾）が、虎繁が美濃に攻め入った時期は元亀四年（天正元年、一五七三）三月のことで（「京都大学所蔵古文書纂」）、元亀三年十一月二十七日付けの奥平定能《おくだいらさだよし》宛山県昌景書状（「中津市奥平文書」）によれば、虎繁は十一月二十七日時点でも、山県昌景と共に二俣城攻めの陣中にいたことになり、三方ヶ原合戦時に東美濃出兵、岩村城攻めはなかったのである（本多二〇一九）。「上村合戦」が史実とすれば、本書のように解釈するのが適切であろう。

信守・信蕃父子、二俣城の城将となる

天正元年（一五七三）、信玄は三河の野田城《のだ》（愛知県新城市）の菅沼定盈《さだみつ》を攻め、二月十日これを陥落させた。しかし、陣中で病を発し（一説に狙撃を受け＝「菅沼家譜」）、治療につとめたが、病が悪化し、

甲州への帰途中、四月十二日、信州駒場（長野県阿智村）で死亡した。

信玄亡きあと、武田家を率いたのは勝頼である。勝頼は、この後、北遠地方の防備をいっそう強化する。天正二年（一五七四）閏十一月十一日付け深山宗三《みやまそうざん》宛て武田勝頼朱印状に、「依田右衛門佐（芦田依田信守）二俣在城仰せ付けられ候の条、向後その方も在城致すべきの旨、御下知を加へらるるのところ」（「竹重文書」）とある。これは、閏十一月十一日に、信守・信蕃父子が二俣城将に命ぜられ、深山宗三に対しても、芦田父子と共に二俣城の守備を命じたのであろう（『日本城郭大系』9「二俣城」）。

二俣城跡　浜松市天竜区

【武田勝頼朱印状】

定

依田右衛門佐二俣在城仰せ付けられ候の条、向後その方も在城致すべきの旨、御下知を加へらるるのところ、遁世の筋目に拘はらず、御請に及ぶの条、神妙に思し召され候。ここにより、堪忍分として、駿州良知郷の内に於いて、三十貫文の所下し置かれ候。但し遠州の知行純熟の上は、上表あるべきの趣仰せ出さるるものなり。仍って件の如し。

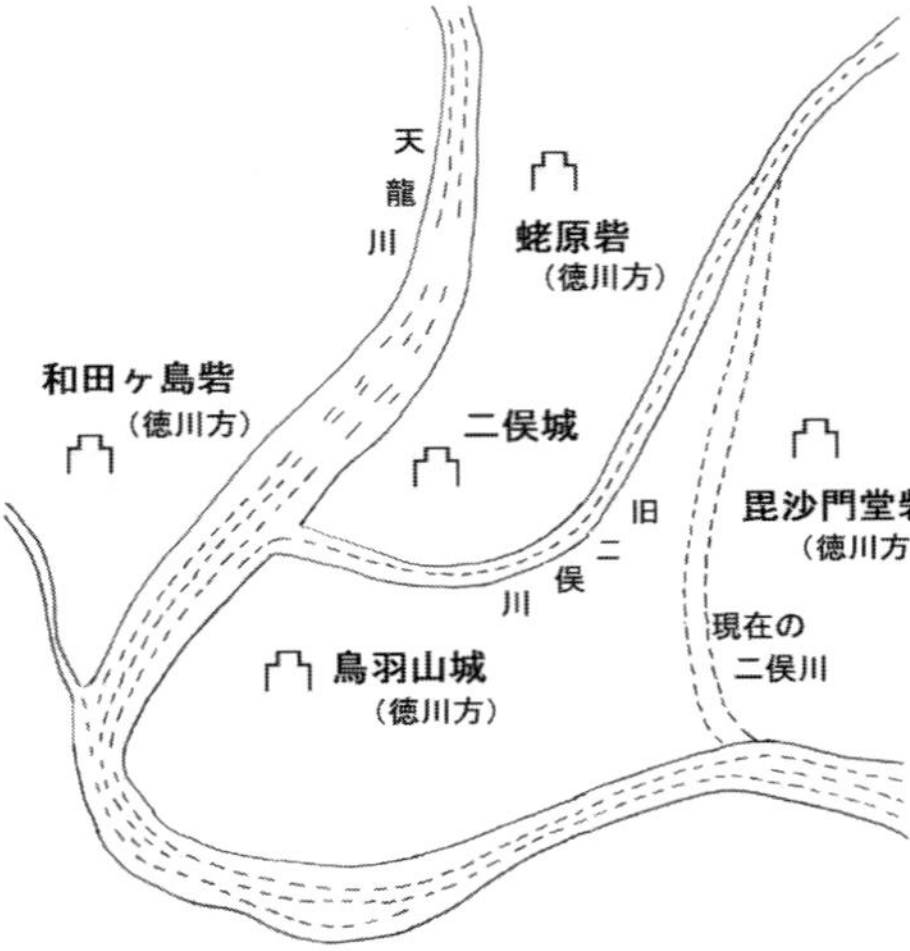

徳川軍の二俣城包囲図　参考：『戦国三代と天下人』208頁

天正二年（甲戌）　跡部大炊助（勝資）
閏十一月十一日（勝頼朱印）　奉之
深山宗三
（「竹重文書」＝『信濃史料』十四、七三〜七四頁、傍線は著者）

十二月二十七日、二俣から芦田依田信守の兵が出て、徳川方の賀茂《かも》村（静岡県磐田市）の平野《ひらの》繁《しげ》定《さだ》の砦に夜討ちをかけた。しかし、繁定はよく防いでこれを斥けた。この武田方の案内役は、遠州の地侍河井《かわい》助九郎《すけくろう》・向坂陣大夫《さきざかじんたゆう》らであり、両軍共に多少の損害を出している（「寛永諸家系図伝」平野繁定譜文、「寛政重修諸家譜」巻第九百九十「平野繁定譜文」）。

なお、信守・信蕃父子の二俣城入りの年代については諸説ある。

【説一】元亀三年（一五七二）八月（「甲州流兵法伝書」）。

【説二】元亀三年（一五七二）十二月（「甲陽軍鑑」品第卅九、「武田三代軍記」巻十六、「武徳大成記」巻八、「諸国廃城考」巻之十一）。

【説三】天正元年（一五七三）五月（「寛政重修諸家譜」巻第三百五十六「信守譜文」）。

【説四】天正二年（一五七四）十月（「内山真龍文書」）。

【説五】天正二年（一五七四）閏十一月（「竹重家文書」、『武田氏家臣団人名辞典』ほか）。

本稿では、「竹重文書」の存在により、【説五】を採用した。

内藤家長の弓矢

天正三年（一五七五）四月、家康の譜代の家来で、三河の奥郡（京都から遠い郡、三河では渥美《あつみ》郡など）二十余郷の代官をしていた大賀弥四郎《おおがやしろう》が、小谷甚左衛門《おだにじんざえもん》・蔵地平左衛門《くらちへいざえもん》・山田八蔵《やまだはちぞう》らと計って、武田勝頼に通じ、岡崎城《おかざき》（愛知県岡崎市）奪取の計画を立てた。ところが、山田八蔵が恐ろしくなってこれを岡崎城主の松平信康に密告した。大賀弥四郎は岡崎城で捕えられ、蔵地平左衛門は逃げたけれども、追いかけられて殺され、小谷甚左衛門は遠州の国領（浜松の東）というところで、服部半蔵《はっとりはんぞう》が生け捕ろうとしたところ、天竜川に飛び込んで二俣城（浜松市天竜区）へ行き、そこから甲斐の国へ逃れた（『三河物語』三下）。当然、二俣城将である信守・信蕃父子は、この小谷甚左衛門と面談したことであろう。

同年六月二日、徳川家康は遠州二俣城を攻めた。「毘沙門堂《びしゃもんどう》・鳥羽山《とばやま》・和田ノ島《わだしま》・蜷原《になはら》ニ砦ヲ構へ」（「家忠日記増補追加」巻之五）と、四ヶ所に付城を築き、鳥羽山に本陣を置き、二俣城に攻め寄せた。

家康の本陣、鳥羽山城跡　浜松市天竜区

信蕃は信守の命を受け、鳥羽山の麓に出撃し、小川を隔てて矢砲を発し応戦した（「大三川志」巻十四）。

戦の最中、城兵の一人が創《きず》を被《こうむ》り城中に逃れようとした。本多忠勝《ほんだただかつ》の家臣・桜井勝次《さくらいかつつぐ》はこれを追って城門に至りその城兵の首を獲った。このとき、勝次の指物《さしもの》（茜《あかね》染ノ四半）が城門に絓《かか》った。これを知らずして勝次は退いた。今若《いまわか》（一説に犬若）という奴僕《ぬぼく》から指物のことを告げられると、勝次は取って返し指物を持って還った。これを鳥羽山に在りし家康が見ていた。獲った首を献じるために家康のもとに勝次がやって来た。これに対し、「汝ガ只今ノ働キ比類ナシ誠ニ今ニ始メサル勇功ナリ重テハ努々斯ノ如深入スベカラズトテ」（「武徳編年集成」巻之十五）、家康は勝次の武勇を賞し、遠州神間《かみま》村・上敷地《かみしきち》村・下敷地村・高木村など四ヶ所の内において領地を与えた。その後、奴僕・今若はしばしば功あるをもって、勝次が彼の名を改め内田彦右衛門《うちだひこうえもん》と号したという（「武徳編年集成」巻之十五、「武徳大成記」「寛永諸家系図伝」桜井勝次譜文、「常山紀談」巻之四）。

寄手の松平彦九郎《ひこくろう》は、退く城兵に「朱提燈《あかちょうちん》ノ指物」の武者あり、味方にも同じ指物の者あるゆえ、その者が敵軍に攻め入ったと誤解し、我もと思い敵軍に馳せ入った。これを見た城方の朝比奈弥兵衛《やへえの》尉《じょう》が弓で松平彦九郎を射殺した（「大三川志」巻十四）。「力量人に優れ、騎射の達者」（「寛政重修諸家譜」第八百六「内藤家長譜文」）な内藤家長《ないとういえなが》は、松平彦九郎と外戚でもあり親しければ、朝比奈弥兵衛尉に向けて矢を放った。「その矢、鞍《くら》の跡輪より前輪をつらぬく」（「寛政重修諸家譜」第八百六「内藤家長譜文」）、矢は朝比奈が鎧の後より前へ、ぐっと射貫き、朝比奈はうっ伏に臥《ふ》して死んだ（一説に「痛手を負て引き退く」〈「寛政重修諸家譜」巻第八百六「内藤家長譜文」〉ともいう）。朝比奈の弟・弥蔵《やぞう》はこれを見て、兄が首を家長に取られまいと切ってかかる。家長は二の矢を放ち弥蔵を射殺した。城兵はこれを見て、家長めがけ切ってかかる。これにより、家長は朝比奈兄弟の首を得ず退く。徳川方・本多忠勝が家長を討たすな、続けやと馳せ寄る。城兵は支えきれず、郭外に火を放ちて、城中に逃げ入ったという（「家忠日記増補追加」巻之五、「大三川志」巻十四、「三河記」巻之下、「寛政重修諸家譜」巻第三百五十六「信守譜文」ほか）。

六月三日早朝、城将信蕃は、石川家成《いえなり》が陣に使者を立て、「昨日放つところの矢は何人《なんびと》が射たるや、源為朝《ためとも》か教経《のりつね》が射たるよう驚き入りて候、」と内藤家長が昨日の矢に札をつけて贈り賞義《しょうぎ》した。家成はこれを家康に献じた。家康は家長を召して、家長の精射を賞し御鎧の上に着ていた胴服《どうふく》を脱いでこれを与え、感書を与えたという（「家忠日記増補追加」巻之五、「寛政重修諸家譜」巻第八百六「内藤家長譜文」、「続本朝通鑑」、「御先祖記」二ほか）。家長の矢を贈ったのは信蕃でなく信守であったという説もある（「武

徳編年集成」巻之十五、「大三川志」巻十四、「寛政重修諸家譜」巻第三百五十六「信守譜文」、「東照宮御事蹟」第一五三）。

信守、没す

「大権現（家康）遠州二俣の城をせめたまふとき、城いまだおちす」（「寛永諸家系図伝」大久保忠世譜文）、「城将蘆田下野守信守固く守りて降らず」（「寛政重修諸家譜」巻第七百七「大久保忠世譜文」）、城は堅固でなかなか落ちず、「のち寄手しばしば攻撃といへども利あらざるにより、この城の押へとして大久保七郎右衛門忠世《ただよ》をのこされ、浜松に軍を収めらる」（「寛政重修諸家譜」巻第三百五十六「信守譜文」）と、大久保忠世を蜷原《になはら》の砦に残し、六月中旬、家康はむなしく浜松に引き上げている（「寛政重修諸家譜」巻第三百五十六「信守譜文」）。

同じ六月、芦田依田信守はわずかな手兵をもって、和田ヶ島砦に奇襲をかけて焼き討ちには成功したが負傷した（市川一九九四）。この傷が原因で、六月十九日、信守は病死した（「依田記」「芦田日記」「甲斐国志」巻之九十八人物部第七）。法名「昌林寺殿月桂艮心居士」（「御使芦田依田　芦田日記略系」）。

七月、信守の死を知って、大久保忠世は、「七月忠世城中喪あるをきゝて浜松に言上し」（「寛政重修諸家譜」巻第七百七「大久保忠世譜文」）、「大久保忠世、榊原康政《さかきばらやすまさ》ヲ先鋒トシ二俣ノ城ヲ攻」（「大三川志」巻十四）めたのである。徳川方の能見《のみ》松平重吉《しげよし》は七十八歳の高齢であったが、「年老たりといえども、かえって壮士にまされりと感じあへり」（「寛政重修諸家譜」巻第三十三「能見重吉譜文」）と先陣をきって城下に押し寄せ戦功をあげたという（「大三川志」巻十四）。これに対し、信蕃は少しも屈せず、固く城を守り続けた（「三河記」巻之下）。

四、織田信長の信蕃への処置

信蕃の誕生

天文十七年（一五四八）、芦田依田信蕃《のぶしげ》は、武田信玄に属した信濃の国人領主・芦田依田信守の子として芦田城（長野県立科町）に生まれた。母は不詳。初名を源十郎（「系図纂要」では新六郎）、幸致《ゆきのり》、幸政《ゆきまさ》、幸平《ゆきひら》ともいう。本稿では以降、信蕃で表記統一する。のちに右衛門佐《うえもんのすけ》（『上野人物志』では右衛門尉）と称し、天正九年（一五八一）に、依田常陸介《ひたちのすけ》と称している（「依田記」「系図纂要」「芦田氏系譜」「寛永諸家系図伝」「寛政重修諸家譜」ほか）。弟に信幸《のぶゆき》、信春《のぶはる》がいる。

ところで、「寛永諸家系図伝」に、信蕃は「数度の軍忠あるにより、松平の称号をたまハり」と松平常陸介を名乗ったとある。「上野国志」「上州故城塁記」も松平を名乗ったとする。しかし、松平を称するのは、信蕃の子・康国《やすくに》以降である。

永禄二年（一五五九）、この年、信蕃（当時十二歳）は、人質として、武田の諏訪茶臼山城《ちゃうすやま》（高島古城《たかしまこじょう》。長野県諏訪市）に送られている（「寛政重修諸家譜」巻第三百五十六「信蕃譜文」）。「依田記」に「年拾二三之頃。諏訪高嶋之城（茶臼山城）に。信玄公への證人に居り申され候」とある。

信蕃が二俣城を開城する

天正三年(一五七五)六月二十九日、信守の病死にもめげず、「信蕃なお城にありて固くこれを守る」(「寛政重修諸家譜」巻第三百五十六「信蕃譜文」)とか、「亡父遺命を守り堅固に籠城し浜松よりもしばしば軍勢をむけ責らるれども、信蕃兄弟厳しく防戦して義を守りける」(「改正三河後風土記」第十五巻)とあり、信蕃は弟・信幸らと共に、二俣城(浜松市天竜区)に籠城して良く城を守り、時おり鳥羽山下に撃って出るなど、二俣川を挾んで防戦した。二俣城は、犬居谷《いぬいだに》(浜松市天竜区)を通過する秋葉《あきば》街道(信州街道)を利用して、信濃から兵員や兵糧、矢玉の補給を受けていて、信蕃以下城中は戦意旺盛であった。

徳川家康は、この補給路を遮断すべく、同年六月から七月にかけて、遠江犬居谷に侵攻し、天野藤《あまのふじ》秀《ひで》を徹底的に攻めた。本拠犬居城、光明《こうみょう》城(天竜区)、樽山《たるやま》城(天竜区)を攻め落とし、藤秀が最後に拠った勝坂《かつさか》城(天竜区)も攻略して、犬居谷をほぼ制圧、天野藤秀の追放に成功した。犬居谷の陥落により、二俣城は補給を封じられたのである(平山二〇二三)。

頑強に抵抗を続けていたが、徳川方が犬居谷を占領したことで補給路も絶たれ、兵糧が乏しくなり苦境に陥った。信蕃は兵糧を確保するために、夜になると浜松の近辺にまで足軽を派遣し、夜討ち・強盗・乱取りなどを実施させたが、籠城を継続できるほどの兵糧を集められなかった。城内では兵糧が尽きてきているのではないかとの疑心が城兵に広まり始めていたため、信蕃は米俵に土を秘かに詰

芦田依田信蕃公立像　長野県佐久市・蕃松院蔵　造形作家小川淳一氏寄贈

め込ませ、蔵に三百余俵を積み上げたうえで、これを城兵に見せ兵糧に事欠くことはないと説き、彼らを安堵させたという（「依田記」「芦田日記」「越前福井芦田氏家伝」ほか）。
八月十四日、諏訪原《すわはら》城（牧野《まきの》城。静岡県島田市）が家康軍により攻略された。それでも二俣城の城兵は抵抗を続けた（『日本城郭大系』９「二俣城」）。

信蕃は、急を甲州に告げたが、勝頼は救援に進むことできず、十一月頃から二俣城を明け渡して甲州へ退くよう二度にわたって言って来たが、信蕃は脇々の奉書《ほうしょ》（奉行人が承って出す文書。武田の竜丸朱印が押してある）では心もとない、勝頼の直書《じきしょ》がなければ城を開けないと言い張った。三度目に勝頼の直書が来たので、城明け渡しのことを承知したという（「芦田日記」、小林一九六五、旧参謀本部編一九六五）。信蕃が信義に厚い猛将であることがわかる。

そこで、十二月中旬より大久保忠世と和議の談判を始める。「大三川志」巻十四によると、大久保忠世に「和ヲ請ヒ舎弟善九郎（信幸）・源八郎（信春）二人ヲ質トシテ城ヲ出ント云」。忠世はこれを浜松の家康に告げた。これに対し、家康は徳川方からも質を出すべしと命じたという。

和議の談判の結果、双方人質を交換して城兵の生命を保証することなどを取り決めた。大久保忠世は嫡子の忠隣《ただちか》と榊原康政《さかきばらやすまさ》を人質として城中に送り、十二月二十三日に開城することとなった（「越前福井芦田氏家伝」）。

十二月二十三日、人質として、信蕃は二人の実弟を徳川方に預けることとなっていたが、当日おりしも雨が降っていたので、蓑笠《みのがさ》を着けて城を出るのは見苦しいので本日は延期とし、二十四日か二十五日に天候が回復次第に明け渡すと徳川方に通告した。信蕃としては、雨の中をしょぼたれて城を出る惨めさを敵に見せたくなかったし、また、味方の兵にも屈辱感を味わわせたくなかったのであろう。家康もこれを了承した。半年間にわたる対戦で家康は好敵手・信蕃の優れた力量を充分に認識していたのである。明けて二十四日は快晴であったため、城内を清掃したのち、隊伍《たいご》を整え、旗鼓《きこ》堂々《どうどう》と城を出て二俣川の岸で互いに人質を交換して開城した（「越前福井芦田氏家伝」「依田記」「武徳編年集成」巻之十五、『家忠日記増補追記』五、『新編武家事紀』「常山紀談」巻之四、「寛政重修諸家譜」巻第三百五十六「信蕃譜文」）。この信蕃の振る舞いに「家康其義勇を感」（「越前福井芦田氏家伝」）じたという。

信蕃が榊原康政と対面したのはこのときが初めてであり、のちに康政が信蕃の徳川方への推挙の労をとったとの史話があるという（天野一九六二）。

武田軍の退去後、家康は家臣の大久保忠世に二俣城城将を命じた（「改正三河後風土記」第十五巻、「寛

政重修諸家譜」巻第七百七「大久保忠世譜文」、「内山真龍文書」『御年譜巻』第二、「三河記」巻之下、「創業記考異」巻之二)。

二俣城を徳川方に明け渡した信蕃は、憤懣《ふんまん》やるかたない、なおも家康と戦うことを望み、信濃の本領佐久郡春日郷(長野県佐久市)には戻らず、「信蕃高天神《たかてんじん》ニ退ク」(『家忠日記増補追記』五)とあり、信蕃は岡部長教《おかべながのり》が守る高天神城(静岡県掛川市)に入城し、ここの守備を担った(「依田記」「芦田日記」『家忠日記増補追記』「武徳編年集成」巻之十五、「改正三河後風土記」第十五巻、『新編藩翰譜(第二巻)』「大久保」、「越前福井芦田氏家伝」)。「また信蕃同州高天神城を固守して昼夜激戦す」(「越前福井芦田氏家伝」)と、高天神城でも信蕃は籠城戦を繰り広げている。

ところで、津金寺《つがねじ》(長野県北佐久郡立科町)の什宝《じゅうほう》「涅槃図《ねはんず》」「羅漢画像《らかんがぞう》」は、もともと、遠江国の安国貞永寺《ていえいじ》(静岡県掛川市)の什宝であった。天正年間(一五七三~九二)、高天神城をめぐる攻防の兵火により、貞永寺の多くの堂宇・寺宝などが焼失している。このとき、遠江に派遣されていた信蕃がこの什宝を佐久に持ち帰ったのではないかという(櫻井二〇〇九)。

父・信守の供養をする

天正六年(一五七八)正月、この頃、信蕃は佐久の春日城に戻っていたようだ。そして、信蕃は父・信守の供養のために日牌《にっぱい》供養料として五貫文と春日郷(長野県佐久市)において五百文の屋敷を高野山蓮華《れんげ》定院《じょういん》に寄進している。

【依田信蕃寄進状】

定

先代に任せ、日盃のため、五貫文の所并びに春日之郷に於て五百文の屋敷、永代寄進し奉る所実なり。現世安穏、後生善所これを祈る。仍って件の如し。

追って、諸々役は有るまじく候。以上。

天正六年〔戊寅〕正月吉日　　依田右衛門佐信蕃（花押）

蓮華定院御同宿中

（「蓮華定院文書」＝『望月町誌』第三巻　歴史編一　原始・古代・中世編）

信蕃、「御館の乱」に派兵される

天正六年（一五七八）三月、越後の上杉謙信が病死すると、謙信の二人の養子・景勝《かげかつ》（謙信甥）と景虎《かげとら》（北条氏康の子）との相続争いとなり（「御館《おたて》の乱」という）、景虎は、実家の小田原北条氏政《うじまさ》、その同盟者武田勝頼（妻は氏政の妹）に応援を依頼する。勝頼は北条氏への義理もあり、武田信豊を大将に、海《かい》津《づ》城将高坂昌澄《こうさかまさずみ》（春日信達《かすがのぶたつ》）・市川信房《いちかわのぶふさ》らを先陣として出陣させ、自らも出陣の準備をした（「歴代古案」）。このとき、「勝頼、三郎《景虎》加勢として信蕃を遣す」（「越前福井芦田氏家伝」）とある。信蕃は、景虎方への加勢として、武田信豊軍に加わったのであろう。
六月初旬、武田信豊らは長沼城《ながぬま》（長野市）に至った。景勝は景虎方の飯山城《いいやま》（長野県飯山市）を攻撃中であったが、景勝は春日山城《かすがやま》（新潟県上越市）に退いた。これを追うようにして武田信豊らは六月十七日、春日山城からわずか十八キロメートルの頸城《くびき》郡大出雲原《おおいずもはら》（同妙高市）まで進出した。「芦田記」では、「小田浜と申す所にて鑓《やり》比類なく、其上景勝を追い崩し追い討ち、数多く討ち取り申し」と記し、芦田依田信蕃が景勝の追撃戦で善戦したという（『立科町誌』歴史編上、『日本藩史』、『信濃人物志』ほか）。「小田浜」の場所はどこか分からないが、新潟県妙高市の小出雲《おいずも》辺りのことではなかろうか。

窮地の一策。景勝は武田信豊に和議の斡旋の使者を送る。和議の内容は、上杉領である東上野（群馬県）、飯山城を含む奥信濃を武田氏へ与える、勝頼の妹菊御料人を景勝に嫁がせる、越後布三千端、黄金一万両を勝頼に与えるというものであった。そして六月十九日、勝頼と景勝の和睦が成立した。

六月二十二日、武田勝頼は一万五千の大軍を率いて海津城から長沼城に陣を進め、さらに越後に進軍した。同月二十四日小出雲（妙高市）に陣を張り、同月二十九日には木田《きだ》（上越市）に進出した。この勝頼の越後進出は、景勝と景虎の和議を取り持つためであった。

一方、御館の景虎方は、武田の援軍が来たとばかりにおおいに士気が上がったという。その後、八月になって一時、勝頼の斡旋で、景勝・景虎の和議が整ったようだが、この和議はまもなく破れ、八月二十二日には徳川家康が駿河の武田領に侵攻したこともあって、八月二十八日、勝頼は兵をまとめて甲斐へ帰国した。これにともなって信蕃も引きあげたと思われる。

信蕃が田中城将となる

佐久郡春日郷に戻った信蕃であったが、天正七年（一五七九）八月から九月頃、駿河国田中城《たなか》（静岡県藤枝市）の城将として派遣されている（「平野文書」『戦国人名辞典』ほか）。

信蕃は、田中城への入城にあたり、二俣籠城の経験を活かし、食糧・弾薬など、優に一年は充分もちこたえられるだけの分を積み込んだ。武田氏滅亡までこの城に在城したが、この間、乱世にあってもよく民政に意をそそぎ、用水の改修や荒れ地開発を行っている。

藤枝堤《ふじえだ》（藤枝市）は、瀬戸《せと》川の氾濫から藤枝宿とその周辺を守るために築かれたものであった（『藤枝市史』通史編上原始・古代・中世）。その決壊による洪水の被害は広範囲にわたり、下流に位置する田中城にも影響が及んだ（『藤枝市史』通史編上原始・古代・中世）。藤枝堤の確かな位置はわからないが、瀬戸川東岸の鬼岩寺《きがんじ》（藤枝市）門前周辺であろう（藤枝市郷土博物館編二〇〇〇）。

洪水がいつ起きたのか不明だが、この藤枝堤が決壊した。天正七年（一五七九）五月十一日、武田氏は堤の再興をはかり、その間堤の普請に使役される孕石元泰《はらみいしもとやす》の私領の農民に対して、田中城の普請役を免除している（「平野文書」『藤枝市史』通史編上原始・古代・中世）。

田中城跡　静岡県藤枝市

同年に藤枝堤が再び決壊すると、まずその補修が命ぜられ、次いで氾濫によって荒地となった鬼岩寺の田畑の復興が図られた。しかしながら、この時期は徳川家康がしばしば田中城下に攻め寄せており、山西は戦乱が続く不安定な状況下にあった。このような中で農民らは労力のかかる洪水後の耕作地の復旧に消極的だったようで、氾濫前に耕作に従事していた百姓が再開発に乗り出さない場合は、新百姓に開発せしめ、その際には、鬼岩寺の門前市と伝馬屋敷の経営についても、開発にあたった百姓に任せるという優遇措置が示されている（『藤枝市史』通史編上原始・古代・中世）。

天正七年（一五七九）十月二十一日、孕石元泰は「藤枝郷鬼岩寺分」の田畠の開発を命ぜられているが（「武田家朱印状写」孕石文書）、その直後に遠江の高天神城（静岡県掛川市）に在城したため、堤修築の差配に当れないので、武田勝頼は十月二十七日「孕石私領藤枝鬼岩寺分」の堤が破れた場合は、代わりに田中城の信蕃に補修するよう命じている。奏者《そうじゃ》は曽根《そね》昌世《まさただ》である（平野文書」ほか）。

武田氏の駿河支配は直接支配を基本としていたが、地域の拠点となる城郭の周辺にある給人の私領に関する事項を、その城将に命じて差配させることもあったのである（『藤枝市史』通史編上原始・古代・

中世）。

天正八年（一五八〇）、信蕃と弟信春によって灌溪寺《かんけいじ》（静岡県藤枝市）が再興され、最林寺《さいりんじ》三世歓室《かんしつ》長怡《ちょうたい》によって浄土宗から曹洞宗に改宗されている。灌溪寺では開基として信蕃と弟・信春二人の位牌を祀っている。また、灌溪寺は今川家の公花所《こうげしょ》（菩提寺）になったこともあり、奥方の墓があったともいわれるが、詳しいことは不明である（藤枝宿HP、柴田一九九八、天野一九六二、二〇二二年十一月灌溪寺加藤住職情報）。

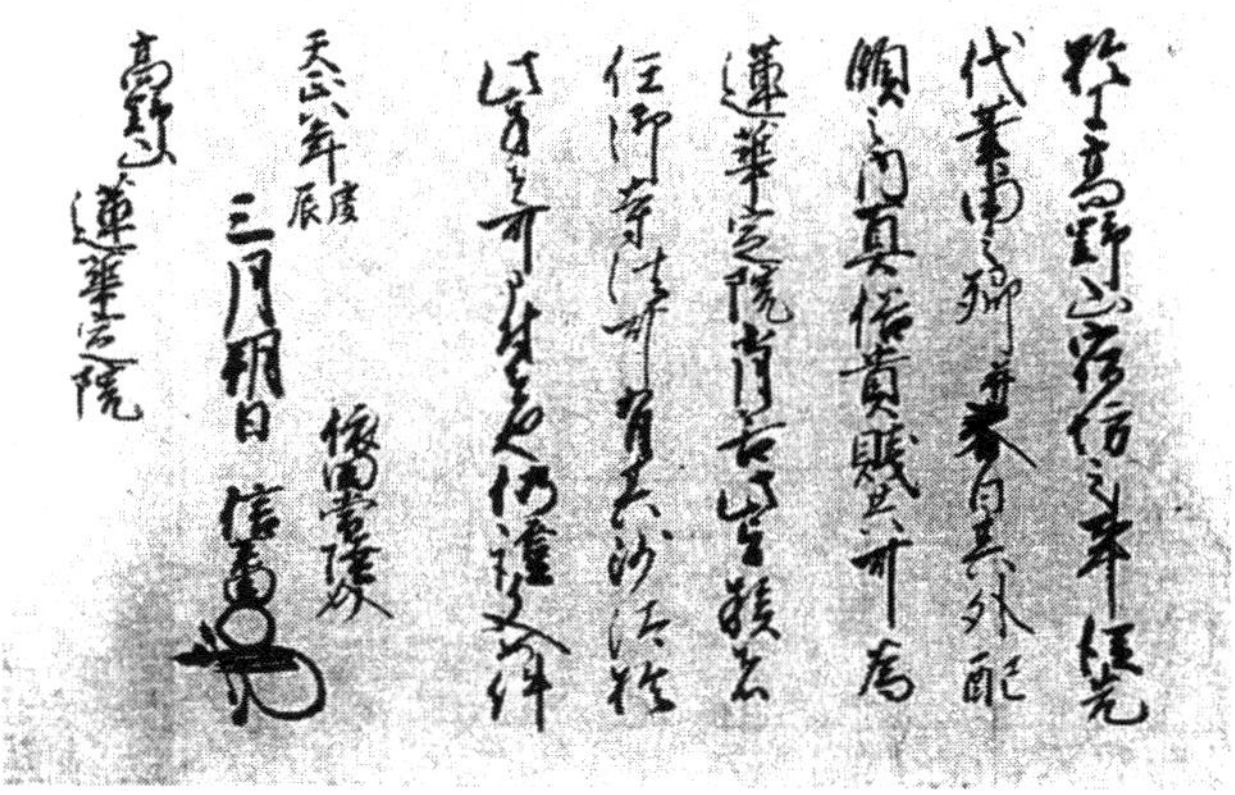

蓮華定院宛芦田依田信蕃宿坊契約状　（出典：『望月町誌』552頁）

蓮華定院と宿坊契約をする

天正八年（一五八〇）三月一日、信蕃は本領である芦田郷（長野県立科町）・春日郷（同佐久市）を蓮華定院《れんげじょういん》の檀那場とする宿坊契約を結んだ（「蓮華定院文書」）。この頃、信蕃は常陸介を称している（「蓮華定院文書」『武田氏家臣団人名辞典』『戦国人名辞典』）。常陸介を称した時期については、「依田記」に「天正九年に、常陸之助に成り申され候」と、天正九年とあるが、これは誤りであろう。

【依田信蕃契状】

高野山に於いて宿坊の事、先代より、蘆田の郷并ぶに春日そのほか配領の内、真俗貴賤共蓮華定院たるべし。若しこの旨に背く族は、御寺法に任せ、その沙汰あるべし。この方に於いては、申し付くべきものなり。仍つて証文件の如し。

天正八年〔庚辰〕

三月朔日

依田常陸介

信蕃（花押）

高野山

蓮華定院

（「蓮華定院文書」＝『信濃史料』十四）

天正八年の田中城の攻防

天正八年（一五八〇）三月十六日、徳川家康は浜松を出馬、十八日に高天神城攻めのため大坂《おおさか》村三《み》井山《いやま》（静岡県掛川市）に付城《つけじろ》（砦）を構築、二十五日には田中城攻めの付城（砦）を構え、閏三月九日に浜松に帰陣している（「三河記」「遠州高天神記」）。

五月一日に家康は掛川城（掛川市）に出陣し、翌日、徳川方の諸勢は諏訪原城（牧野城。静岡県島田市）に入り、遠江の国衆は色尾《いろお》（井籠。島田市）に陣取った（「家忠日記」）。

そして徳川軍は三日から五日まで田中城を攻めた。「五月三日、三河勢當《田中》城を攻む。城代依田右衛門佐信蕃よく防ぐ」（「駿河記」巻十二「田中城」）とあり、田中城の信蕃の勇戦で、寄せ手の徳川勢にも損害が多く、本多康重《やすしげ》の従者森惣九郎《もりそうくろう》が討ち死にした（「譜牒余録」巻三十三）。

家康は五月四日に当目《とうめ》（静岡県焼津市）まで進出し、八幡山に陣取って花沢《はなざわ》（焼津市）の苗を踏み荒らし、五日には軽卒を派遣して田中城外の麦を刈り取った（「武徳編年集成」巻之十九）。同五日、徳川軍が石川数正を殿《しんがり》に兵を収めて帰陣しようとしたところ、持舟《もちふね》城の朝比奈信置《のぶおき》が当目の砦まで進出して、徳川勢を追撃しようとした。数正は兵を返して、これを防ぎ三二人を討ち取るなど撃退し、家康は掛川城まで撤収した（「家忠日記」「石川忠総留書」『藤枝市史』通史編上原始・古代・中世）。

「家忠日記」によれば、七月二十日に家康は掛川に出陣し、国衆も掛川・山口（静岡県掛川市）まで進出した。翌日、徳川勢は色尾《いろお》（同島田市）で大井川を渡河し、諸将が人足を引き連れて田中城下に苅田を行い、酒井忠次《ただつぐ》勢が田中城を攻めたようだ。二十二日には小山《こやま》城（同吉田町）方面に苅田を行い、松平家忠《いえただ》の従者二人が戦死した。二十三日に家康は八幡山に陣取って、石川数正が田中城を攻め、これ以前より田中城攻めにかかっていた酒井忠次勢は吉田城（愛知県豊橋市）へ帰陣し休息をとった（「家忠日記追加」巻六）。翌日にも徳川勢は小山城下に苅田を行い、本多忠勝の従者三人が槍で討たれている（「家忠日記」「武徳編年集成」巻之十九）。

柳沢次衛門に知行を宛がう

話は変わるが、信蕃の妹が柳沢元目助《やなぎさわもとめすけ》に嫁していた。この縁で、元目助の父で武田の旧臣であった柳沢次衛門《じえもん》は信蕃に臣従していた。この柳沢次衛門の本貫の地（本領）が少なく、幾度かの合戦で武具の痛みも激しく、惨めなありさまであった。そこで、信蕃は池内の未開発地のうちで、鷹見《たかみ》の免税地（たか見面＝巣鷹《すだか》監視役の免税地）を除き開発して、その上がりを武具の整備にあて、次の合戦に備えさせようと、八月五日、柳沢次衛門に知行を宛がっている（「柳沢家文書」、市川一九九四）。信蕃は田中在番の最中でも、領主経営に腐心しており、在地での家臣団の掌握に努めていたのであろう（柴辻二〇〇七）。

【依田信蕃証文】〔知行宛行〕

定

別而致奉公候之間、池内々起〔記〕助分可出置候、於于向後者、弥致綺羅可抽忠功候、知行高辻之儀者、改候之上、以内起可申付候、但たか見面之義者、可相除候、先武具数支度候間、手於、仍如件、

追而、諸之役ハ出間敷候、以上、

庚辰（天正八年）

八月五日　　　　信蕃（花押）
柳沢次衛門殿
（「柳沢家文書」＝『戦国遺文武田氏編』五、三三九四号）

織田信長、武田攻めを開始する

天正九年（一五八一）三月二十二日、武田方の遠江高天神城《たかてんじん》（静岡県掛川市）が落城し、城将岡部元信以下の将兵が戦死した。高天神落城が武田家中に与えた衝撃は勝頼の予想を遥かに超えたものとなった。跡部勝資《あとべかつすけ》・長坂釣閑斎《ながさかちょうかんさい》の反対があったとはいえ、勝頼が高天神城の後詰をしなかったからだ。

問題は、籠城衆の顔ぶれにあった。勝頼は高天神城の守りを固めるため、甲斐（山梨県）・信濃（長野県）・上野（群馬県）・駿河（静岡県）・遠江（静岡県）・飛騨（岐阜県）と武田のほぼ全領国から在城衆を集めていた。「勝頼に見殺しにされた」という悲報は、武田全領国に広がってしまった。

国衆が戦国大名に従っている理由は、その軍事力の保護を得て、自身の領国を守ることとあった。武田氏の「軍事的安全保障体制」への信頼はここに失墜したといわれている（志村二〇一一）。

十二月になって、木曽谷《きそだに》の木曽義昌《よしまさ》は遠山友忠《ともただ》を通じ織田信忠への内通の内諾を伝え、「甲信征伐これあるにおいては、案内《あない》とし陣頭に馳せ参ずべき段申し入」（『高遠記集成（上）』）れた。

翌十年（一五八二）、信長は武田攻めを決意、嫡子・信忠をその総大将に任じ、二月三日、武田征伐の部署を定めた。信忠は伊那口から、北条氏政は関東口から、徳川家康は駿河口から勝頼の領国へ進撃する手筈《てはず》である。こうして、木曽義昌の謀反を契機に、織田信長の武田攻めが開始される。

これに対し、武田勝頼は領国の備えを堅固にするよう指示する（「改正三河後風土記」第十七巻、「武田三代軍記」巻廿二、「織田軍記」巻第二十二、「三河物語」三下、「武徳大成記」巻十、「甲陽軍鑑」品第五十七）。武田家存亡の危機である。信蕃は崩壊する武田方諸城の中にあっても、まったく動じる気配を見せず、むしろ二月、嫡男の康国《やすくに》（竹福丸、十三歳）を人質として武田家に送り、武田家への忠誠と決死の覚悟を示している。康国は小諸城に送られ、城主・下曽根覚雲斎《しもそねかくうんさい》の管理下に置かれた（「寛政重修諸家譜」巻第三百五十六「康国譜文」ほか）。さらに、三月五日には、信蕃の次男・康真《やすざね》（福千代丸《ふくちよまる》、八歳）も信蕃の室（跡部氏）と共に小諸城に送られ、城中良持《よしもち》（陵神《りょうじん》）郭《ぐるわ》に置かれている（「芦田系譜」）。信蕃の子は二人いたが、この二人とも人質として出したのである。

天正十年の田中城の攻防

天正十年（一五八二）二月十二日、織田信忠の出陣を聞き、勝頼は「駿州田中・持船に兵を倍し」（「武徳編年集成」巻之二十）と、田中城に増兵したという。

二月十六日、家康は浜松を出陣する。家康出陣の噂が流れると、武田方が遠江（静岡県）で唯一維持していた小山《こやま》城（静岡県吉田町）の在番衆が逃亡してしまい、無人の城と化した。十八日には家康は掛川城（同掛川市）に入り、十九日に掛川城を出て、諏訪原城（牧野城。同島田市）に到着した。諸勢は金谷《かなや》（島田市）に陣取った。徳川方は、早速、小山城を接収した。かくて、家康は遠江の統一を果たしたのである（平山二〇二三）。

そして徳川軍は、駿河に向けて動き出す。大井川を渡河した徳川軍は、信蕃の守る田中城に攻め寄せた（「家忠日記」「駿河記」巻十二）。二十日の払暁《ふつぎょう》（夜明け）より徳川方の大須賀康高《おおすがやすたか》・酒井忠次《さかいただつぐ》・本多忠勝・榊原康政ら先鋒は川を越え「一万余騎ノ勢ヲ以城外ヲ打囲、弓・鉄炮ヲ多ク集、併矢倉ノ矢柄ヲ閉サセ、雑兵ニハ家ヲ壊セ、堀ヲ埋サセ道ヲ作リ、平地ニナシテ責タリケリ」（「三河後風土記」巻之十七）と、大手口に攻め寄せた。雑兵たちは、周辺の家を毀《こぼ》ち（壊し）、空堀に投げ込んで、堀を埋め平地となして、大手曲輪を責め破り、一万の大軍が四方から城に攻め寄せた（「三河後風土記」巻之十七ほか）。

大手の郭を打ち破り、首八十余級を得て城下に梟《きょう》したが、城将信蕃、援将三枝虎吉《さえぐさとらよし》は田中城を固く守り、降る様子も示さなかった（「武徳編年集成」巻之二十、「大三川志」巻十六、「酒井家世紀」初代忠次、「大須賀家伝」）。「柏崎物語」によると、田中城内に居た武田一門の一条右衛門太夫《いちじょううえもんのたいふ》は城を脱出したという。

二月二十一日、家康は、頑強に抵抗する田中城を無理押しせず、押さえの軍勢を置いて、先を急ぐことにした。殿軍として鳥居元忠《もとただ》が待機し、徳川軍主力は当目峠《とうめ》（静岡県焼津市）を越えて、駿府に向かった。「守将芦田右衛門佐信蕃、足軽を出して鉄炮を打しめ、元忠が兵を遮《さえぎ》らむとす。元忠返し合せてこれを追入、なを慕ひ来る敵を撃て兵を収む」（「寛政重修諸家譜」巻第五百六十「鳥居元忠譜文」）とあり、田中城の信蕃は、徳川軍を追撃しようと足軽を出して鉄炮を撃たせたが、鳥居勢によって撃退されたという（「寛永諸家系図伝」鳥居元忠譜文、「寛政重修諸家譜」巻第五百六十「鳥居元忠譜文」、「武徳編年集成」ほか）。

徳川軍の本隊は二十一日には当目を越えて持舟城《もちふね》（用宗城《もちむね》。静岡市駿河区）を囲み、家康と遠江衆は駿府に陣取った。

二月二十二日、家康は藤枝まで戻り、酒井忠次に命じ田中城を攻囲させた（「家忠日記追加」巻之六、「柏崎物語」）。これに対し、持舟城の朝比奈信置、屋代越中《やしろえっちゅう》・関甚五兵衛《せきじんごべえ》らが当目を越えて出撃して来た。石川数正・酒井忠次らがこれを撃退している（「柏崎物語」）。

信蕃、駿河田中城を開城する

天正十年（一五八二）二月二十九日に持舟城の守将朝比奈信置は開城して久能城《くのう》（静岡市駿河区）に逃れた（「家忠日記」）。

家康は武田勝頼を攻めるに当たって、勝頼の重臣・江尻城《えじり》（静岡市清水区）の穴山梅雪《あなやまばいせつ》を誘っていた。三月一日、梅雪は家康に内通する（「家忠日記」）。翌二日、家康は梅雪に対し、甲斐国を宛がうべく、その以前に信長から扶持を貰えるよう斡旋するが、もしそれが不成功ならば、家康が対応すると申し送っている（「古文書」穴山）。

三月一日、「江尻穴山味方ニすミ候」（「家忠日記」）と、穴山梅雪が家康に降った。これを知った久能城代今福虎孝《いまふくとらたか》・善十郎《ぜんじゅうろう》父子は、城から退去し、のちに城下の村松で自刃して果てたという。また、久能城に退去していた朝比奈信置も、本領の庵原《いはら》郷（静岡市清水区）に退去し、のちに徳川方によって殺害されている。こうして、駿河で唯一孤軍奮闘して落城しなかったのは、信蕃・三枝虎吉の田中城だけとなった。

同じ三月一日、江尻に進んだ家康は、武田家に仕官した経験を持つ成瀬正一《なるせまさかず》と諸岡山城《もろおかやましろ》両人を御使として田中城に派遣した（「改正三河後風土記」第十七巻ほか）。正一は信蕃に対して、甲州の諸将はみな勝頼に叛き、勝頼の滅亡は時間の問題である、早く降伏して開城せよと迫った。「ときに成瀬吉右衛門正一甲斐国より飛脚を馳て勝頼死するの聞えあるよしをつぐ。寄手矢文を城中に射て降を促すといへども、勝頼が存亡いまだ定かならず」（「寛政重修諸家譜」巻第千百四十八「三枝虎吉譜文」）。信蕃はこれには従わず、まずは勝頼の家臣の書簡を得て状況を確認し、その後に、先年二俣城（浜松市天竜区）を明け渡した縁をもって大久保忠世に城を渡そうと返答した。これを聞いた家康は、穴山梅雪に命じて説得の手紙を出させた。梅雪は信玄の従兄弟《いとこ》であり、その妻は信玄の姉という近い武田一門である。信蕃は、やっと了解して城を大久保忠世に明け渡した（「依田記」「越前福井芦田氏家伝」、「駿

河記」巻十二、「家忠日記増補追加」巻之七、「武徳編年集成」巻之二十、『依田長安一代記』、「武徳大成記」巻十、「落穂集」三ほか）。

大久保忠世が受け取った田中城には高力清長《こうりききよなが》が守備についた（上木一八九四）。

春日城跡遠望　長野県伊那市

信濃佐久郡の春日城に戻る

信蕃は大久保忠世に田中城を明け渡した。家康は歴戦の勇将である信蕃を召し抱えようと、味方になれば、信州の本領を相違なく安堵しようと申し送った。しかし信蕃は、恩命は辱《かたじけな》いけれど、勝頼の存亡が分からないのに、他君に仕えるのは臣子の義でなく、汚名を子孫に残すだけだと言って応じず（『藤枝市史』通史編上原始・古代・中世、中村一九六八）、もし武田が滅亡するようなことになれば、ぜひ徳川殿にお仕えしたいと述べ、信蕃はまず甲斐（山梨県）に向かった。

信蕃は、新府《しんぷ》城（山梨県韮崎市）に拠る主君・武田勝頼に拝謁しようとした。しかし、このときすでに、勝頼は新府城を焼き払い、小山田信茂のもと岩殿山《いわどのやま》城（同大月市）への逃避行を始めていた。信蕃が甲斐に入ったときは、織田・徳川軍の甲斐侵攻の直前であり、勝頼の所在消息は不明、あいつぐ武田家臣の離反で甲斐全域が大混乱の渦中にあった。そこで信蕃は、本国佐久郡春日（長野県佐久市）への帰還をめざし（「武徳編年集成」巻之二十）、密かに敵中を突破し、ようやく三月十四日、春日に無事帰還したという（岡部二〇二一、笹本二〇一六）。

小諸城の森長可と対面する

天正十年（一五八二）三月十一日、武田勝頼は織田軍に攻められ天目山《てんもくざん》（山梨県甲州市）で自害。ここに名門武田家は滅んだ。

織田信忠が甲斐に侵攻したとき、甲斐に居た武田信豊《のぶとよ》は、下曽根覚雲斎《しもそねかくうんさい》（浄喜《じょうき》）が守る小諸城《こもろ》（長野県小諸市）に逃れ、二の丸に入った。ところが、三月十六日、下曽根覚雲斎は叛いて武田信豊がいた二の丸に攻め寄せた。武田信豊は防戦したが、ついに嫡男・武田次郎や、生母・養周院《ようしゅういん》と家来と共に自害する。下曽根覚雲斎は、信豊を討ち取って織田信長に通じ、かつ信長の将・森長可《ながよし》を城中に引入れ、信豊の首を飯田《いいだ》（長野県飯田市）に布陣の織田信長のもとに送った。しかし、信長は下曽根覚雲斎の不義を怒り、小諸城から放逐している（「織田軍記」巻第二十二、『長野県町村誌』東信編「小諸町」ほか）。これ以後、森長可が川中島へ移るまで小諸城に置かれた。

春日城に戻った信蕃は、勝頼が三月十一日に生害したことを知る。そして、「男康国等が安否をとはむ《問はん》と欲して、十五日小諸城にいたる」（「寛政重修諸家譜」巻第三百五十六「信蕃譜文」）とあり、我が子・康国らの安否が気になり、小諸城に向かったのである。このときすでに小諸城は森長可の支配するところで、信蕃が武田家に出した人質（二人の子、康国・康真兄弟）はそのまま森長可の管理下になっていた（「寛政重修諸家譜」巻第三百五十六「康国譜文」）。同じく人質であった信蕃の室（跡部氏）について記録がないが同様の処遇を受けたものと思われる。これは、信蕃が織田家へ出仕せざるをえない状態にあったということである。

三月十五日、信蕃は小諸城で森長可と対面し、康国らの無事を確認している。

「芦田日記」や『嶽南史』第三巻では、武田家が滅びた以上、信蕃は家康に属せんとしたが、織田家の使者・山本帯刀《たてわき》が来て招いたので小諸城に向かったことになっている。

森長可が言った。「また右府《織田信長》令を下し、甲信両国の諸将我に属せば、速に本領を授くべしといふ。よりて武田旧好の士みなこれに従ふ」（「寛政重修諸家譜」巻第三百五十六「信蕃譜文」）。織田家に属せば本領を安堵し、「信濃に真田・あしだ（芦田）、上野に小幡・和田・内藤其外上州衆を皆助けて、滝川寄騎に付」（「甲陽軍鑑」品第五十八）けるという話である。そして織田信忠の諏訪の陣に赴き、謝意を表したどうかと勧められたのである。そこで、信蕃は長可の厚意を謝して小諸城を辞し（福山一九一二）、「二十日小諸を発し、織田信忠が諏訪の陣におもむかんとす」（「寛政重修諸家譜」巻第三百五十六「信蕃譜文」）。

しかし、これは、諏訪にいた信忠が長可と組んで、信蕃を欺いて返り打ちをしようとした策略であったともいう（『信濃の人』）。

信蕃、遠江二俣に隠れ住む

　三月二十日、信蕃は主従六人で諏訪に向かう途中、徳川家康の飛脚《ひきゃく》（使者）に出合った。この飛脚は重田守国《しげたもりくに》であったという（市川一九九四）。飛脚の持っていた信蕃宛の家康の書状には、「芦田（信蕃）切腹仰せ付けられるべき旨御書き立て候」（「依田記」）、「信長が処刑を予定している武田家臣の書立（リスト）の「一ノ筆」（筆頭）に貴殿の名前があり。この使の者に案内させて我らがもとに御越しあれ」という意味のことが書いてあった。「武徳編年集成」巻之二十に「武田ノ臣ヲ諸将へ召抱べカラズ殊ニ勇名アル者ハ咸死刑ニ及ブベキ旨信長下知セラル」とあり、実際、武田の部将でいち早く降伏した者のほかは全部殺され、甲信の武田家臣に対する信長の処置は酷薄《こくはく》を極めていた。事実、「甲州の歴々の者ども大略首を刎《は》ね候、また降人に出で候族《やから》数を知らず候、是は生害させ候者数多く候」（三月七日付け松井有閑宛て信長書状「武家事紀」二十九、『古文書録』乾）とか、「甲州之国侍、または武田家家老共、駿河信州の侍小山田・山県を始め、悉く誅戮《ちゅうりく》せられ」（「当代記」巻二）という有様であった。

　その頃家康は、甲斐国市川《いちかわ》（山梨県市川三郷町）に滞在していた。そこで、信蕃の一行は、飛脚に案内させて夜通しの道を急ぎ、家康に謁見した（「寛政重修諸家譜」巻第三百五十六「信蕃譜文」）。

信蕃は家康から、山林に身を隠し時節を待つよう諭された。「東照宮御実紀」附録巻十七に次のようにある。「汝《なんじ》が武勇はかねて知る所なり。武田家衰るに及んで。汝一人孤城に拠り義を守りて操《みさお》を改めず。敵ながらも感するに堪たり。今汝にあひてわが年頃の宿意をはたせり。さりながら右府（信長）汝をにくむ事甚し。我方に隠れ居と聞ば。さがし出し殺戮《さつりく》せられん事は必定なり。早く身を山林にかくし時節を待べしと仰なり」。

そして、家康は密かに信蕃を遠州二俣の奥小川村《おくおがわむら》（浜松市天竜区）に匿《かくま》うことにした（「依田記」「芦田日記」、『家忠日記追加』巻之七、「東照宮御実紀」附録巻十七、「武徳編年集成」巻之二十「大三川志」巻十七、「常山紀談」巻之五ほか）。「信蕃恩命の辱を拝し、すなはち身を鍛冶《かじ》の形に変じ、仮に名を三郎左衛門とあらため、家臣五人をしたがへ、東照宮よりも御家人を副られて郷導《きょうどう》となさる。信蕃これより遠江国におもむき、二俣の奥、小川の深山に蟄居す」（「寛政重修諸家譜」巻第三百五十六「信蕃譜文」）とあり、徳川家康の勧めにより、織田信長の追及から逃れるために主従六人で遠州二俣の奥小川村に隠れ棲んだという。主従六人とは信蕃、次弟信幸、三弟信春、叔父守俊、従兄弟依田主膳、奥平金弥《きんや》であった。小川村が選ばれたのは、二俣城攻防・田中城攻防の「両度のちなミを以て、七郎右衛門（大久保忠世）を頼て、二俣へをちかくれ（落隠）」（「三河物語」）とあり、小川を治めていた大久保忠世と依田信蕃は縁があったからだという。

信蕃が小川村に着いたのは三月二十一日のことであろう。信蕃は小川村に身を隠したが、残された信蕃家族は、小倉《おぐら》城（長野県佐久市）近くの穴小屋に身を隠し、将兵とその家族も避難小屋に身を隠したという。

なお、家康の使者（飛脚）を勤めた重田守国は、家康のもとを離れて信蕃に仕え、春日・穴小屋と小川村との往復の飛脚の役を果たすが、天正十年（一五八二）五月二十三日、飛脚の帰途、織田方の忍びの待ち伏せにより討ち死にしたという（岡部二〇二一）。

信蕃が諏訪に出向かず身を隠したことを知った森長可は滝川一益《たきがわかずます》と語らい、その報復として、春日城や領主居館、光国寺、尼寺などからあらゆる宝物などを略奪、焼き討ち、破壊したという。「越前福井芦田氏家伝」に、「其際滝川左近芦田、春日の二城へ打入追補す」、「依田記」に「屋敷内一物も残らず。闕所《けっしょ》仕り候に付て。書物道具以下紛失仕り御座無く候」とある。

現在、春日氏や芦田依田氏に関する資料はほとんどなく、室町時代の壊れた板碑《いたび》と春日氏と思われる墓石がわずかに残されているだけである。

織田信長、武田旧領の国割を行う

天正十年（一五八二）三月二十九日、信長は武田氏旧領の国割《くにわり》を行った（「信長公記」十五）。信濃国の安曇《あづみ》・筑摩《ちくま》両郡は予定通り木曽義昌《よしまさ》に、伊那郡は毛利長秀《もうりながひで》（秀頼《ひでより》）に、川中島四郡は美濃金山《かねやま》城（岐阜県可児市）主・森長可にそれぞれ与えられた。

信長は滝川一益に上野一国（群馬県）を与え、関東の抑えとしたが、佐久・小県の両郡も一益の領とした（『信長公記』『北佐久郡志』）。一益は小諸城代として甥・道家正栄《どうけまさひで》を置いた（『長野県町村誌』東信編、小諸町）。そして一益は早速、三月二十四日には、信蕃の所領だった芦田郷のうち二百貫文を中野藤太良に与えている（『浅科村史』）。

武田氏時代から人質として小諸城に置かれていた信蕃の子である康国・康真兄弟、室（跡部氏）は、小諸城が織田氏の手中に収まっても殺害されず、そのまま織田氏の監視下に置かれたようだ。信長により上野国および小県・佐久郡が滝川一益に与えられると、康国・康真兄弟らは一益の人質となり、一益が上野国箕輪城（群馬県高崎市）に移ると、兄弟も箕輪城（一説に厩橋《まやばし》城。前橋市）に移された。その後、兄弟は小諸城に移され、小諸城代の道家正栄の管理下に置かれた（『寛政重修諸家譜』巻第三百五十六「康国譜文」、『大人名事典』五・六）。

五、徳川家康に仕える

信蕃、春日城に戻る

天正十年（一五八二）六月二日、本能寺の変で織田信長が亡んだ。この知らせを堺で知った徳川家康は、大和路を通り、伊勢（三重県）の鹿伏兎《かぶと》（三重県亀山市）・関（亀山市）・亀山（亀山市）を経て白子《しろこ》（三重県鈴鹿市）へ出て、船で三河の大高《おおだか》（「依田記」『嶽南史』第三巻。愛知県東海市）、一説に大《お》浜《はま》（「創業記考異」巻之二。同碧南市）に着いた。六月四日のことである（「創業記考異」巻之二、小和田二〇一六）。七日には岡崎（「酒井家世紀」初代忠次）、十日に浜松城（浜松市中区）に着いた。明智光秀討伐のための兵を集める一方、信長の死によって、武田旧領（甲斐・信濃・上野三国）の諸士は支配者を失い混乱しており、家康にとって領土拡大の好機であったが、織田大名の一人であった家康はあからさまな行動はとれない（黒田二〇一三）。そこで、「浜松城の留守等相議し、書を駿・遠各所に潜伏せる武田の遺臣に送り、所在に起て、武田の故地を略せしむることありき」（『嶽南史』第三巻）とし、武田の故地侵略の布石を敷いた。六月六日には、家康は武田遺臣・曽根昌世《そねまさただ》と駿河国清水《しみず》城主・岡部《おかべ》正綱《まさつな》を甲斐に派遣し（「譜牒余録」巻第四十七）、甲斐国の侵攻の先陣を命じた。

また、かつて田中城（静岡県藤枝市）で信蕃から城の請け取りをし、信蕃の二俣隠遁《いんとん》にも協力した大久保忠世は、信蕃を甲州攻めの先鋒に加え、佐久に入れるようにと家康に進言した。そこで六月十日、家康は一書を信蕃に送った（『嶽南史』第三巻）。飛脚が信蕃の隠れ家に持参した家康の書状には「はやく甲信のあひだに旗をあげ、両国をして平均せしむべしとなり」（「寛政重修諸家譜」巻第三百五十六「信蕃譜文」）とか、「甲斐国并信州へ参り。両国共。家康様御手に入候様に引付候へと」（「依田記」）と記されていた（「依田記」「越前福井芦田氏家伝」『嶽南史』第三巻ほか）。信蕃の隠れ家に家康書状を持参したのは本多正信《ほんだまさのぶ》であったともいう（「家忠日記増補追加」「大三川志」『依田長安一代記』）。

家康は書状と共にその證《あかし》として金の御采幣《ごさいへい》を信蕃に与えた（「寛政重修諸家譜」巻第三百五十六「信蕃譜文」、井原二〇一二）。

その一方で、兵を集め態勢を整えた家康は、浜松を立ち、さらに六月十四日には、岡崎（愛知県岡崎市）を出陣した（「創業記考異」巻之二）。鳴海《なるみ》（名古屋市緑区）まで進んだところで、十五日に、「明智ヲ京都にて、三七（織田信孝）殿、筑前（羽柴秀吉）、五郎左（丹羽長秀）、池田紀伊守（恒興）、うちとり候よし、伊勢かんへ（神戸）より注進」あり、十九日には秀吉から「上方一篇ニ候間、早々帰陣候への由申来」りと、「家忠日記」にあり、家康としては、光秀が秀吉に討たれた以上、先に進んでも仕方がないと思い、二十一日、浜松城に引き上げている（『新編岡崎市史』中世2、小和田二〇一六）。

家康の指示を受け、甲州衆（武田遺臣）を招こうとして、信蕃は二俣の奥小川村（浜松市天竜区）を出て、主従六人にて甲斐国（山梨県）へ向かった。主従六人とは信蕃、次弟信幸、三弟信春、叔父依田守俊《もりとし》、従兄弟依田主膳、奥平（戸田）金弥であった。そして、六月十二日に中道往還の迦葉坂《かしょうさか》（柏《かしわ》坂《ざか》峠、柏尾坂峠ともいう。甲府市）で芦田依田氏の旗印「鐘の纏《まとい》」を高々と掲げて甲斐の武田遺臣に結集を呼びかけた。「柏坂の林の下、五里・三里の間に見えしより、之を知る者は、互に相告げて曰く、〈蘆田殿の旗なり。何ぞ往で従はざる〉と」（鈴木覚馬編『嶽南史』第三巻）。横田甚右衛門尹松《よこたじんえもんただとし》（原虎胤《はらとらたね》の子、横田高松《たかとし》の養子）・河窪新十郎《かわくぼしんじゅうろう》（「甲斐国志」巻之四十二）、石原重宗《いしはらしげむね》（「寛政重修諸家譜」巻第九百八十「石原重宗譜文」）、内田定吉《うちださだよし》（「寛永諸家系図伝」内田定吉譜文）らをはじめ旧武田遺臣の甲斐衆が口伝えでこの旗のことを知り集まった。その数千人とも（「家忠日記増補追記」七、「大三川志」巻十八、「武徳編年集成」巻之二十二）、三千に及んだともいう（「依田記」「寛政重修諸家譜」巻第三百五十六「信蕃譜文」「越前福井芦田氏家伝」「甲斐国志」巻之四十二古跡部第五、山鹿素行『新編武家事紀』）。

信蕃の陣鐘　上田市立博物館蔵（写真：同博物館提供）

横田甚右衛門は、芦田依田信蕃が二俣城を撤退し高天神《たかてんじん》城に入城した際、軍監《ぐんかん》として同城にあり、城将・岡部長数《ながのり》と共に迎え入れてくれた武将である。高天神城落城の際、軍監としての役目を果たすため城将岡部長教の最期を見届け、わずかの将兵と共に城を脱出、敵勢を突破して甲斐に帰国し、勝頼に落城状況を報告している（『武田氏家臣団人名辞典』、岡部二〇二〇）。

信蕃は集まった三千の兵を率いて、六月十五日、信濃佐久郡の本拠地・春日城（長野県佐久市）に帰った（「寛政重修諸家譜」巻第三百五十六「信蕃譜文」）。そして、信蕃による佐久の諸士への調略が行われた。

信蕃、小諸城代となる

滝川一益《かずます》は織田信長から関東管領に任ぜられ厩橋城《まやばし》（前橋市）に在城していた。本能寺の変の報は、九日に厩橋に届いたという（「石川忠総留書」『織田信長家臣人名辞典』滝川一益）。六月十八・十九日の両日、神流川《かんながわ》で北条氏直《うじなお》軍と戦ったのち、六月二十日、箕輪城《みのわ》（群馬県高崎市）に上州衆を集め、別れの酒宴を開いた。そして、本国伊勢（三重県）に向かって出発し、碓氷峠《うすい》を越え、六月二十一日、小諸城《こもろ》（長野県小諸市）に入った（「武徳編年集成」巻之二十二、「織田軍記」「千曲之真砂」『新編武家事紀』）。そして小諸城で上州衆の人質を解放している（「関八州古戦録」巻之第十二）。

一益は、佐久・小県郡を無事通過するため、春日城（長野県佐久市）に帰還したばかりの芦田依田信蕃に使者を送った。信蕃は求めに応じて、六月二十二日ごろ小諸城に赴き一益と対面した。信蕃が一益に応じたのは、二人の子らが人質として小諸城にあったからだろう。

信蕃を小諸に呼んだ滝川一益は、信濃を去り本国伊勢に向かうにあたり、無事通過のための支援を要請したようだ。子らを人質にとられている信蕃としては断れない。そこで信蕃は、佐久・小県郡《ちいさがた》の諸士より人質を徴収してこれを一益に預け、諏訪まで無事通過させることを了承したらしい（志村二〇二二）。

その代わり、六月二十五日、一益は小諸城を信蕃に引き渡すことを約した。「小室《（小諸）》の城をば足田《（芦田依田信蕃）》の某に渡し置き、廿六日の月も雲間に見えみ見えずみなるに」（「信長記」巻十五下）と、小諸城を信蕃に引き渡した一益は、六月二十六日未明、道家《どうけ》正栄《まさひで》ら家臣と、佐久・小県の人質、五十三人を

小諸城跡　長野県小諸市

伴って、小諸城を発し諏訪に向かった（「千曲之真砂」巻之五、「信長記」巻十五下、「織田軍記」巻第二十三）。この人質の中には康国・康真兄弟や真田昌幸の老母・恭雲院《きょううんいん》や真田弁丸《べんまる》（のちの信繁《のぶしげ》。幸《ゆき》村《むら》）がいた。そして、真田昌幸が、路次中一揆の用心をして、警固の兵を出し諏訪まで送っている（「武徳編年集成」二十二ほか）。

一益は諏訪から木曽を通って本国伊勢へ退くわけであるが、「質を携へて木曽路を経尾張国にかへらむとす。ときに木曽義昌兵をつらねて拒む。一益殆帰路を失す」（「寛政重修諸家譜」巻第三五六「依田康国譜文」）とあり、木曽谷の木曽義昌は一益の領内通過を拒否する。「よりて義昌に説ていはく、今当国の質を携ふ、我をして尾張国にかへる事をえせしめば、これをあたふべしとなり。義昌

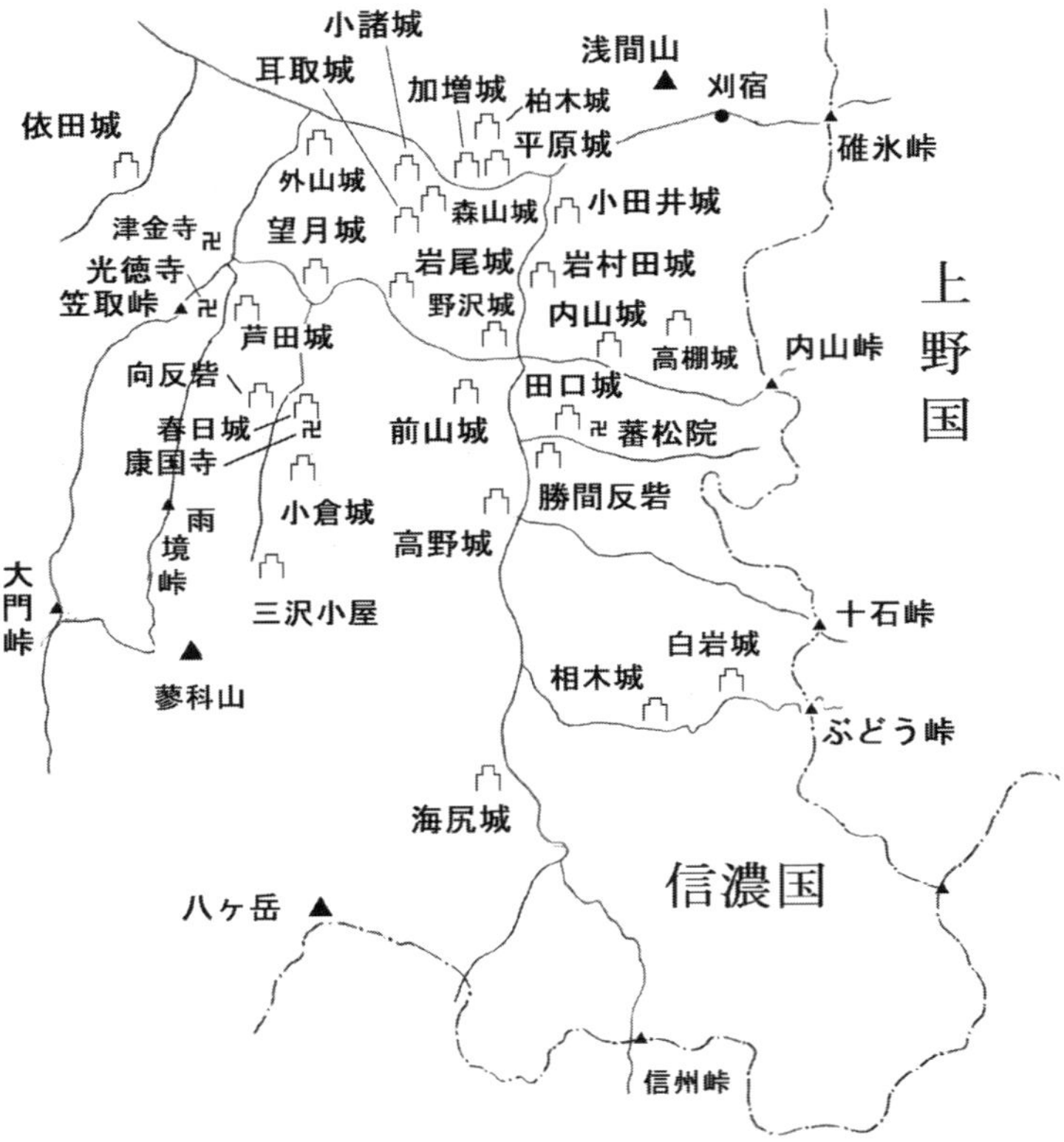

佐久地方の芦田依田関係史跡

おもへらく、この質をうるときは国中全くわが有とならむと、よろこむで許諾す」（「寛政重修諸家譜」巻第三百五十六「康国譜文」）とあり、一益は、自分の木曽通過を認め、本領に帰してくれれば、義昌に佐久・小県郡の諸士から提出させた人質を進上しようと持ちかけた。義昌は、その条件であれば快く木曽谷通可を許可する旨の回答している（「木曽考」）。

　六月二十八日、一益は

木曽谷に入り、佐久・小県郡の諸士の人質をすべて義昌に委ね、七月一日には本国伊勢長島《ながしま》城（三重県桑名市）に無事帰国している（「織田軍記」二十三、「武徳編年集成」巻之二十二、「北国太平記」ほか）。したがって、信蕃の二人の子（康国・康真）らは木曽義昌の人質となってしまったわけである（「寛政重修諸家譜」巻第三百五十六「康国譜文」、「寛政重修諸家譜」巻第三百五十六「康真譜文」）。

小諸城を引き渡された信蕃は一益に代って小諸城代となった（「千曲之真砂」巻之五、志村二〇〇九）。小諸城の城主は大井《おおい》満安《みつやす》であるが、実質、徳川氏の番城として位置づけ、その城代になったのである。小諸城代として信蕃はただちに佐久・小県郡の国衆らを徳川方に引き付ける作業に入り、七月には小県郡祢津《ねづ》昌綱《まさつな》、佐久郡平尾《ひらお》平三《へいぞう》（平蔵。依田昌朝《まさとも》）、森山《もりやま》俊盛《としもり》（満繁《みつしげ》）・盛房《もりふさ》（成繁《なりしげ》）らが家康への帰属を明らかにした。

信蕃、小諸城を退去す

ところが、信蕃の努力はまもなく水泡に帰す。上野（群馬県）を席巻していた北条氏直軍が碓氷峠を越えて信濃に侵攻して来たからである。

織田信長亡きあとの無政府状態の信州を狙ったのは徳川家康だけではない。

六月十九日、神流川合戦で滝川一益を破ったその日に、埴科《はにしな》郡・小県郡の国衆出浦《いでうら》家・室賀《むろが》家に、信濃川中島四郡（高井・水内《みのち》・更科《さらしな》・埴科《はにしな》四郡）を経略したら、本家筋の屋代家に高井・埴科両郡、出浦・室賀両家に水内・更級両郡を与えるという条件を示し味方に誘っている（「村上家伝」）。

芦田依田信蕃家とは永年因縁関係にあった佐久郡野沢《のざわ》城（伴野城。長野県佐久市）の伴野《ともの》信番《のぶつぐ》は、信蕃への対抗意識もあってか、北条軍の信濃侵攻を前にいち早くこれに従う意向を示した。これを受けて、六月二十二日には、伴野信番に対し、北条氏照と氏邦が連署で本領以外の新恩所領の宛がいを約束し、北条軍が碓氷峠を越えたら、先陣として参陣するよう命じている（「武州文書」）。

六月二十六日、佐久郡小諸城の大井《おおい》満安《みつやす》が密かに北条氏に従属の表明をする。これに対し、氏直は虎朱印状で取次に当たっていた氏照・氏邦に、大井満安に新恩所領を与えることを確約している（「小田原天守閣所蔵文書」）。

六月二十八日、小田原の北条氏直も、関東の諸将四万五千を率いて信州に向かったのである。

七月初め、北条軍の先陣・大道寺《だいどうじ》政繁《まさしげ》は碓氷峠を越え、信濃国佐久郡に進攻して来た。小田井《おだい》城（長野県佐久市）の市村《いちむら》弾正《だんじょう》治郎《じろう》は市川三郎《さぶろう》と共に北条氏に降り、すでに小諸城主の大井満安は北条氏に通じ反旗を翻しており、信蕃は大軍を相手に小諸城での籠城はもはや不可能であった。そこで小諸城を放棄し、居城春日城（芦田小屋）に退いた。

信濃国衆や武士たちは続々と北条氏のもとに出仕し始めた。七月一日には、諏方頼忠も松田《まつだ》憲秀《のりひで》を通じて北条氏に好《よしみ》を通じ（「小澤秋子所蔵文書」）、さらに九日には、上杉景勝に従属していた真田昌幸も従属を表明したので、その重臣日置《ひおき》五郎《ごろう》左《さ》衛《え》門尉《もんのじょう》に、氏直は氏照・氏邦を奏者にした虎朱印状で、新恩所領の宛がいを約束している（「長国寺殿御事蹟稿」四）。

家康、甲信地方の平定を一任される

六月二十七日、羽柴秀吉・柴田勝家らによる織田政権の重臣会議・清洲会議《きよすかいぎ》が行われ、信長の後嗣は嫡孫の三法師丸《さんぼうしまる》と決まり、遺領の配分が決められた。この会議で、信濃・甲斐・上野の三ヶ国の処分について、議論されたか否かは不明である。

織田政権の新体制が発足したのを見届けた家康は、新体制に甲斐・信濃・上野確保に動くことの了解を求めつつ（黒田二〇一三）、すでに六月六日には先方として岡部正綱（武田旧臣）や穴山衆と共に曽根昌世（武田旧臣）を甲斐国に派遣していたが、六月二十八日には第二陣として家臣の大久保忠世・石川康道・本多広孝《ひろたか》・同康重《やすしげ》父子・大須賀康高ら七人を大将とする七手衆を先発隊として甲斐に派遣し、七月三日には自らも出陣、九日には甲府に到着している。その間に、秀吉に、使者を立てて、織田政権の一員として、甲・信・上三ヶ国を平定するため甲斐に出陣したことの同意を求めたようだ。

これに対し、秀吉は七月七日付で、「両三ヶ国（甲斐・信濃・上野）の義、敵方え御渡し成さるべきにあらざる儀に候条、御人数を遣わされ、御手に属され候様に仰せ付けられ尤《もっと》もに存じ候」と、家康に甲斐・信濃・上野三ヶ国を敵（北条氏）に渡すべきではなく、軍勢を派遣して制圧しても構わないと返書を出している（「松濤棹筆」）。今や織田政権の第一人者となった秀吉より、家康は織田の領地甲信地方の平定を一任されたのである。

　家康は織田政権から、いわば甲斐・信濃・上野の領有についてお墨付きを得たことになる。そのため以後における家康の行動は、実態は自身の領国拡大の行動であったが、表向きは旧織田領国の回復行動としての性格を持つことになったという（黒田二〇一三）。

信蕃、春日城からさらに三沢小屋へ

　北条氏直が信濃に侵攻するや、たちまち佐久郡・小県郡が帰属した。信蕃の誘いに応じて徳川への帰属を申し出ていた祢津昌綱《ねつまさつな》、森山俊盛《もりやまとしもり》らもあいついで北条氏に鞍替えをしている（平山二〇一一）。

　北条方に従属したことが判明する佐久郡の有力国衆を見てみると、小諸城の大井満安（大井左馬允高政《たかまさ》の子）、岩村田城（長野県佐久市）の大井雅楽助《うたのすけ》（大炊助《おおいのすけ》、美作守とも）、高棚《たかだな》城（佐久市）の志賀与《しがよ》三左衛門《さんざえもん》、平原《ひらはら》城（長野県小諸市）の平原全真《ぜんしん》、平尾城（佐久市）の平尾平三（平蔵。依田昌朝）、柏木城（小諸市）の柏木六郎、望月城（佐久市）の望月印月斎一峯《いんげつさいかずみね》、森山城（小諸市）の森山俊盛、耳取《みみとり》城（小諸市）の大井政成《まさなり》、内山城（佐久市）の小山田六左衛門《ろくざえもん》（藤四郎《とうしろう》とも）、田口《たぐち》城（佐久市）の相木常《じょう》林《りん》、岩尾城（佐久市）の大井行吉《おおいゆきよし》（岩尾小次郎《こじろう》）などが判明する（「依田記」、平山二〇一一Ａ）。

　七月上旬までには、北条氏は佐久郡・小県郡・諏訪郡の国衆のほとんどを従属させたわけである（黒田二〇二〇）。したがって、北条氏にとって、当面の敵・徳川方は春日城に籠もる信蕃ただ一人となった。そこで北条軍は追撃の手を緩めず、信蕃を一挙に攻め潰すべく、本陣を高呂《たかろ》城（天神林城。佐久市）に、後詰めを高呂原《たかろはら》（別名、陣場原《じんばはら》）に置き望月氏を牽制、北条氏直を総大将とし数万の軍勢が大挙して春日城を目指し侵攻した。

信蕃の本拠・春日城や居館をはじめ向反砦《むかいぞりとりで》（佐久市）などは織田軍によって破壊・略奪・放火され放置されたままで、春日城の補修も充分ではなかったという（岡部二〇一二）。しかも、信蕃は、春日城が地の利を得ないので、北条軍の猛攻を支えることは困難とし、小倉城（佐久市）へ、さらに山奥の三沢小屋《みさわごや》（佐久市）に退き籠城した。「依田記」には「春日山之奥三沢小屋と申所へ籠りおられ候」、「重田氏由緒書」にも「信州佐久郡春日村の奥、三沢と申す山小屋に籠り罷り有り」と記す。また「乙骨太郎左衛門覚書《おっことたろうざえもんおぼえがき》」に、「其の時氏直三沢の小屋まで人数をよせられ候へども、良き小屋にて落ち申さず候」（「乙骨太郎左衛門覚書」）とある。このとき、信蕃に属し三沢小屋に籠城した者には、関信正《のぶまさ》・同吉兼《よしかね》・桜井久忠《ひさただ》・守長《もりなが》父子・重田守国《もりくに》・中沢久吉・清野満成《きよのみつなり》・木内蕃正《きうちしげまさ》・小林重吉《こばやししげよし》・塩《しお》入重顕《いりしげあき》・重信《しげのぶ》父子、岩下守胤《いわしたもりたね》のごとき信濃の士のほか、甲斐の内田定吉《うちださだよし》・杉原昌直《すぎはらまさなお》・内山吉明《うちやまよしあきら》などであった（「寛永諸家系図伝」「寛政重修諸家譜」『北佐久郡志』）。

三沢小屋は山小屋または穴小屋ともいった。また、芦田依田信蕃が籠もることになったので、三沢小屋は芦田小屋とも呼ばれている（「寛政重修諸家譜」巻第三百五十六「信蕃譜文」、清水一九七六、平山二〇一一A）。春日城も芦田小屋と呼ばれており（『日本城郭大系』８「春日城」）、本書では混乱を避けるため、芦田小屋といえば春日城のことを指すことにする。

三沢小屋の攻防

三沢小屋は北条氏直の兵に包囲された。七月六日頃、信蕃は、重田守国と岩下守胤を甲斐に在陣の家康のもとへ派遣し援軍要請をした（「寛政重修諸家譜」巻第九百四十三「重田守国譜文」、「寛政重修諸家譜」巻第五百八十七「岩下守胤譜文」）。「守国岩下角弥守胤とともに信蕃が命をうけ、狩人のさまに出立、ひそかに多出科山飯森が嶽をよぢのぼり、甲斐国八嶽を下りて本多作左衛門重次、大久保七郎右衛門忠世に書翰を達し、援兵を請《こい》たてまつるの使をつとむ。このとき黄金を賜ふ」（「寛政重修諸家譜」巻第九百四十三「重田守国譜文」）とか、「帰るに及《およ》びて野武士等がために山路を遮らるといへども、これをうち破りて三沢小屋にかへる」（「寛政重修諸家譜」巻第五百八十七「岩下守胤譜文」）とある。

徳川軍先手の七手衆が甲斐で、また酒井忠次《ただつぐ》らが下伊那で集結を終え、諏訪に向けて侵攻中であった。七手衆のもとにも、北条軍本隊が信蕃を攻めているとの報告が届いていたため、七月九日、彼らは諏訪郡乙骨村《おっこと》（長野県富士見町）の乙骨（五味）太郎左衛門尉安利《やすとし》を使者として三沢小屋に派遣し、信蕃の状況・安否を確認した（「乙骨太郎左衛門覚書」）。

武田の旧臣であった乙骨太郎左衛門尉は、徳川方に味方していた彼の舅・青木弥惣左衛門《あおきやそうざえもん》（武川《むかわ》衆）より、徳川軍先鋒の穴山衆筆頭・有泉信閑《ありいずみのぶつら》を紹介され、有泉の手引きで大久保忠世・大須賀康高ら

「七人之衆」（七手衆）に引き合わされたという。大久保らは、甲信の様子をよく知っている人物を必要としていたから、国境に往《おう》な乙骨は適任だったという（平山二〇一一A）。

乙骨は無事に三沢小屋の信蕃と会い、その返事を託されて七手衆のもとへ帰還した。信蕃の返事は「氏直が攻めて来たため、芦田小屋（春日城）は地の利を得ず、しかも無勢であるのでそこを引き払い、三沢の小屋に籠城しています。安否を尋ねる書状をいただきありかたく存じますが、危機的状況ですのでぜひ加勢を派遣していただきたい」というものであった（「乙骨太郎左衛門覚書」）。

信蕃は険岨《けんそ》な場所にある三沢小屋の地の利を活かして、北条の大軍に付けいる隙を与えなかった。氏直は三沢小屋を攻めあぐみ、いたずらに時間が過ぎてしまった。そこで氏直は、重臣の大道寺政繁を小諸城、北条源五郎を芦田城（春日城＝芦田小屋のことか）に置き、信蕃を封じ込めるとともに、信蕃攻めを大道寺政繁らに委ね、七月十二日、自らは北条本軍を率いて小県海野に着陣した。翌十三日には、主立った「信州衆十三頭」が氏直のもとに出仕している（「甲斐国志」）。同じ十三日には、諏訪頼忠と重臣・千野昌房《ちのまさふさ》が正式に北条氏に従属することを申し出た。これを喜んだ氏直は、諏訪茶臼山城（高島古城。長野県諏訪市）と知行を安堵する朱印状を頼忠と千野昌房に与えた（「千野文書」）。

さらに、同十三日、佐久郡鷹野《たかの》郷（長野県佐久穂町）の土豪・高見沢《たかみざわ》但馬守・同藤三郎《とうざぶろう》・藤七郎《とうしちろう》・文四郎らが北条氏に従属すると申請し、甲斐穴山で知行五百九十五貫の知行を受ける朱印状を貰い

（「高見澤文書」）、さらに同じく佐久郡海尻《うみじり》（同南牧村）の土豪・井出善四郎《いでぜんしろう》らも北条氏に従属し、甲斐における徳川軍の様子を探る役目を命ぜられている（「井出昶氏所蔵文書」、平山二〇一一A）。このように北条方は海尻・高野町など南佐久方面からも甲州逸見筋への勢力を伸ばしている。

そして、氏直は上杉景勝と対決すべく川中島をめざし転進していった（平山二〇一一A、黒田二〇一三）。

徳川の援軍、三沢小屋へ

徳川本陣から遠く離れた佐久で奮闘していた信蕃は、家康のもとへ使者を送り、「我陣遠く御旗下を隔つがゆえに、其寸忠をみるものなし。願わくば検使を副られむ事をと言上す」（「寛政重修諸家譜」巻第三百五十六「信蕃譜文」）と、その奮闘を認めて貰えるよう、検使《けんし》の派遣を要請していた。

そこで、大久保忠世は家康に、柴田康忠《しばたやすただ》を検使を兼ね、その救援に向かわせるべきと進言した（『新編藩翰譜』第二巻、「大久保」）。「柴田七九郎（康忠）を御勘気をかふむりて罷り在る儀に御座候へば、此度御ゆるされなられて、此者共のせう（将）になられて、被指越候はば、作の郡（佐久郡）はさをゐなく《相違》御手に入れるべし」（「三河物語」三下）と。これにより、勘気を蒙っていた柴田康忠は赦され、信濃佐久郡に派遣されることになった。これを知った「武田家の勇士等おほく《多》康忠にしたがふ《従》」（「寛永諸家系図伝」柴田康忠譜文）とある。「三河物語」には「所（諸）手よりも出合て」とあって、諸部隊から士卒を出しあって編成したようで、甲州衆も多くこれに含まれていた。

柴田康忠はまず大久保忠世らの七手衆の陣に赴く。そして、「七手衆御談合にて、千人の御加勢遣され候」（「乙骨太郎左衛門覚書」）とある。こうして、乙骨（五味）太郎左衛門尉が道案内で柴田康忠ら千人の援軍は三沢小屋に向かった（「乙骨太郎左衛門覚書」）。

乙骨太郎左衛門尉は北条軍との遭遇をおそれ、役行者越《えんのぎょうじゃごえ》（雨境峠）を避け、茅野《ちの》から大河原《おおがわら》峠を越え、双子山《ふたごやま》の裾野から、細小路《ほそこうじ》川源流付近の東尾根を下り、樽脇《たるわき》付近から細小路川に降り、川沿いを下り小倉城近くで信蕃と合流し、七月十二日、無事三沢小屋に入ったという（岡部二〇一一）。

信蕃は、柴田康忠らの到着を喜んだが、さらに七手衆に対し「御加勢くだされ忝なく存じ奉り候。去りながら手前の者どもにさえ扶持つかまつり候事まかり成らず候間、とても御事に御扶持かた、くださるべきとの御返事に御座候事」（「乙骨太郎左衛門覚書」）「しかしながら、私は自分の家来にも扶持を与えてやることができていません。ぜひ扶持を与えられるよう支援を求めます」と、信蕃は乙骨太郎左衛門に託して、御扶持方を下されたいと家康に伝え再度要請したという（「乙骨太郎左衛門覚書」ほか）。

七月十四日、三沢小屋の信蕃へのさらなる援軍として、家康は甲斐衆の辻弥兵衛《つじやへえ》盛昌《もりまさ》に「その地理に委《くわ》しきにより（略）甲斐国の士四十騎をひきゐて先手」（「寛政重修諸家譜」巻第千四百九十七「辻盛昌譜文」）として出陣させている（「武徳編年集成」巻之二十二ほか）。「伝持タル金ノ制札ノ指物ヲ上覧ニ備フ、神祖見玉ヒ、是ヲ以テ信州ニ行キ功ヲ顕スヘシト命セラル」（「大三川志」巻之十八）とある。

このとき、辻盛昌は妻子を人質として差し出し、八月七日、堪忍分として、駿河国有度《うど》郡曲金《まがりかね》（静岡市駿河区）百貫文を新知行として与えられている（「譜牒余録後編」三十八、「寛政重修諸家譜」巻第千四百九十七「辻盛昌譜文」ほか）。制札の指物は、武田信玄自ら「能武者不死今月日辻一楽」と書いて、盛昌に与えたもので、武田氏時代の盛昌は、弓五十張の隊長で、佐藤権左衛門《さとうごんざえもん》・萩野庄左衛門《おぎのしょうざえもん》・大《おお》澤新兵衛《さわしんべえ》・窪田庄助《しょうすけ》・久野源兵衛《ひさのげんべえ》、五人の騎兵が附属された部将であった（「大三川志」巻之十八、「武徳編年集成」巻之二十二）。また、曽根昌世も信蕃の援軍として佐久郡に派遣されているが、この頃のことであろう。

北条氏直の軍が小県・佐久郡を席巻している。徳川方は佐久郡だけでなく小県郡の国衆らの動揺を抑えようと必死であったようだ。七月十四日、大須賀康高を通じ徳川方に好を通じていた小県郡の祢津宮内大輔《くないたいふ》に対し、酒井忠次が近日、徳川軍が小県郡へ出張する、委細は信蕃が伝えると申し送っている（「祢津文書」）。

芦田依田勢、前山城を攻める

北条勢と上杉勢が川中島でただ睨み合いし対陣しているとの情報を得て、信蕃は直ちに春日城（長野県佐久市）の奪回と伴野《ともの》氏の主城・前山城《まえやま》（佐久市）の攻略へと動いた。

前山城主伴野氏と芦田依田氏とは、南北朝時代からの因縁関係があり、宿縁というべきか、武田家従臣時代も所領をめぐる争いがあった。武田信玄が裁定に入るなど対立は激しく、裁定の結果、芦田依田氏は所領を失った。また、今回の戦でも、伴野氏は北条軍の信濃先方衆とし、芦田依田信蕃と敵対関係にある宿敵となった。

援軍を得ていた信蕃は、三沢小屋を出て前山城の伴野信守《のぶもり》を攻撃した。七月十六日早朝、小倉城（佐久市）近くの一ノ瀬付近に集結した芦田依田勢は、信蕃の甥・依田肥前守信守（信蕃の父・下野守信守と区別するため、以降、表記を肥前守信守とする）を総大将に細小路川の東の山沿いを北に向かい四谷《よつや》見附《みつけ》から岩下《いわした》、現在の入片倉《いりかたくら》、市坂口、金井坂《かないざか》に至り、春日城を攻撃、金井坂付近で迎え撃つ北条勢と激突、撃破した。金井坂から布施《ふせ》を越え、大沢《おおさわ》、野沢《のざわ》の枝城《しじょう》を焼き討ち、小宮山砦を落とし、勢いのまま、前山城を攻撃した。

七月十六・七日にかけ、芦田依田勢の必死の猛攻も、城方伴野氏将兵の抵抗は凄まじく、双方に多くの死傷者を出したが、前山城を陥落させることができず、七月十七日、芦田依田勢は兵をまとめ三沢小屋に引き上げている。

この戦いで、肥前守信守自身が負傷した（「寛政重修諸家譜」巻第三百五十七「依田信守譜文」）のみならず、重田守満も城方から落とされた石で負傷し（「重田家譜」）、塩入重顕《しおいりしげあき》も負傷、「寛永諸家系図伝」によると「芦田右衛門佐（信蕃）に属し山小屋（三沢小屋）より伴野（前山城）にいたり、加奈伊坂（金井坂）にをひて高名あり。此時疵をかうふる」（「寛永諸家系図伝」塩入重顕譜文）とあり、負傷している。重顕は同年八月二十三日に没した。歳三十七であった。

また伏兵として活躍した戸田（奥平）金弥も八月六日付で、家康より感状を賜っている（「譜牒余禄」二十七）。戸田金弥は奥平定包《さだかね》の弟で、もと奥平氏を称し、武田信玄に仕え、兄と共に三河長篠《ながしの》城（愛知県新城市）の守備についていたが、長篠落城の後、信州に来て、芦田依田信蕃に身を寄せていた。金弥は信蕃が遠江二俣に隠れ住んだときの主従六人のうちの一人でもある。金弥も前野城攻撃に従い、ことに芦田谷では風雨を冒して伏兵番などを勤めたので家康はこれを嘉して、八月六日付感状を与えたのである（「譜牒除録」二十七、中村一九八〇）。

諏訪頼忠、北条方へ

大久保忠世、大須賀康高、本多広孝・忠重父子、穴山衆ら七頭（徳川七手衆）は、七月十七日に台ヶ原《だいがはら》（山梨県北杜市）に、翌十八日には諏訪郡の乙骨（長野県富士見町）に布陣した。大久保忠世は、乙骨の陣から、しばしば石上兎角《いしがみとかく》を三沢小屋に派遣し、信蕃との連絡をとったという。また、忠世は諏訪茶臼山城（高島古城。長野県諏訪市）の諏訪頼忠《よりただ》を調略している。

その頃、徳川家康は七月十四日、酒井忠次に、信濃十郡の経略を任せた。「改正後三河風土記」一九は、「酒井左衛門尉忠次に信州一円に賜はり」と記す。忠次は甲斐より信濃に入り（「当代記」一）、十八日には諏訪（諏訪市）に至った（「家忠日記」）。

ここで、伊那方面より北上して来た奥平信昌らと合流する。そして、二十二日、諏訪茶臼山城の諏訪頼忠方へ使いを立て、「信州一円を某が拝領すれば、此後我下知に従ふべきよし」と申し送った。頼忠はおおいに怒りて「我大久保忠世が勧めによりて、徳川殿にこそ従うつもりであるが、いかで忠次が下知を守らんや」と、はねつけ、諏訪茶臼山城の守りを固め籠城した（「寛政重修諸家譜」三五〇、「改正後三河風土記」一九）。「家忠日記」二十二日条には「高島（諏訪茶臼山）あつかい切候て働候」とある。二十三日には忠次に属した小笠原信嶺《のぶみね》（伊那郡松尾城主）が攻撃して来た。その後、小競り合いが数日続いた。そこへ、北条氏直の大軍南下の報が伝わる。当然のように諏訪頼忠は北条氏に再び通じるのであった。

再びの三沢小屋における攻防

上杉景勝と対陣したものの、北条氏直は戦果をあげることができず、七月十九日頃には退陣し、佐久郡小諸城（長野県小諸市）に転進した（黒田二〇二〇）。

そして、北条氏直は諏訪を経由して甲斐国をめざすのだが、途上に目障りな信蕃の三沢小屋が存在する。氏直は再び本隊をもって、七月二十四日頃より三沢小屋に攻め寄せた。「数万の兵を率ゐ碓氷山道を攀《よ》て信蕃が蘆田小屋（三沢小屋のこと）をせむ（攻）。しかれども其地嶮難にしてこれを抜ことあたはす」（「寛政重修諸家譜」巻第三百五十六「信蕃譜文」）とあり、巨岩・断崖の阻む険峻な地形では、いかに大軍の北条軍といえども、わずかな兵力しか侵入できず、そこを信蕃軍のゲリラ的戦法で攪乱され、三沢小屋を攻略することはできなかった。

信蕃は氏直本隊に再び攻められ、苦境に陥った。その頃、家康は大久保忠世の「蘆田信蕃に本領をたまはり御先手とせば、信濃国はたやすく御手に入べきよし」(「寛政重修諸家譜」巻第七百七「大久保忠世譜文」)という進言もあって、信蕃に対して、七月二十六日付で、今までの功を賞し、諏訪・佐久の二郡を宛がうという宛行状を発給している(「依田文書」)。このときは右衛門佐とあり、武田氏滅亡に伴って通称を常陸介から元に戻していたようだ(『武田氏家臣団人名辞典』)

【徳川家康宛行状】

「依田右衛門佐殿　家康」

信州諏訪・佐久両郡の事、今度忠節を抽んでらるるによりその賞として宛行ふところなり。かねてまた前々付け来る与力の事、相違あるべからず。次に同名・親類等直恩の事、所望に任せ、別してこれを宛行ふべし。いよいよ忠信を存ぜらるべきの状くだんの如し。

天正十年七月廿六日　　家康(花押)

依田右衛門佐(信蕃)殿

(「依田文書」＝『信濃史料』十五)

もちろん、この両郡はまだ家康の手に入ったわけではない。ことに諏訪には先に信玄に滅ぼされた頼重の従弟・諏訪頼忠がいて、北条氏に好《よしみ》を通じている。しかも家康は木曽義昌にも、諏訪・筑摩二郡を与えており、このように同じ土地を二重三重に与えるなど、空手形を乱発している。これは上杉景勝も北条氏政も同じで、何とかして信濃の諸士を味方に引き入れようと懸命であったという（小林一九八六）。しかし、信蕃のような一介の土豪に過ぎない人物に対するものとしては異例に過大な宛がいでもあり、信蕃に対する家康の評価の高さと期待のほどがしのばれる（『望月町誌』第三巻歴史編一原始・古代・中世編）。

北条氏直もまた、佐久郡内の諸寺に安堵状を発給したようで、氏直は七月二十八日には、岩村田龍雲寺の寺領・末寺などを安堵している（「龍雲寺文書」、『佐久市志』歴史編二中世）。

信蕃、北条氏直軍の動きを報じる

北条氏直としては、いたずらに三沢小屋攻めに時間を費やすことはできない。七月二十九日、氏直は徳川軍先手の攻撃を受けていた諏訪頼忠を救援し甲斐に侵攻するため、三沢小屋攻撃を中止する。八月一日、大導寺政繁を芦田依田勢への抑えとして、自らは役行者越（雨境峠）で諏訪郡に向かい（「家忠日記増補追加」巻之七）、三日には諏訪郡の梶ヶ原（長野県茅野市）に布陣した（「家忠日記増補追加」巻之七、「依田記」「越前福井芦田氏家伝」『新編武家事紀』『諏訪市史』上）。

同じ一日、諏訪茶臼山城（高島古城）の諏訪頼忠を攻めていた酒井忠次は、北条氏直が諏訪郡に向かって来ると知り、三日、大久保忠世ら徳川七手衆と乙骨（同富士見町）で合流した（「家忠日記増補追加」巻之七）。

信蕃は、北条氏直本隊の大軍が諏訪に進撃したことで、乙骨に布陣する大久保忠世ら徳川七手衆が殲滅されることを心配し、三沢小屋に滞在中であった大久保忠世の臣・石上（石神）兎角（兎角之助）を忠世のもとへ派遣した。石上兎角は忠世の命で信蕃の三沢小屋の砦まで使いに出ていたのである。また、信蕃が二俣城主であったときに、籠城衆の中に石上兎角がいて、信蕃の指揮のもとで戦ったという経歴があったという（市村二〇二〇）。

「石上兎角某蘆田の小屋（三沢）よりしのびて八嶽《やつがみね》をこえ」（「寛政重修諸家譜」巻第七百七「大久保忠世譜文」）、乙骨《おつこと》の徳川陣に至った。そして、石上兎角は「北条氏が四万三千の軍勢で、梶ヶ原（茅野市北山柏原）に布陣中」という信蕃からの情報を伝えた。

乙骨（乙事）に陣取っていた大久保忠世・大須賀・本多・石川・岡部ら徳川七手衆は、石上兎角のもたらした情報を聞き、さらに地元の乙骨太郎左衛門に北条軍の偵察に行かせ、その報告を聞いて、北条軍が大軍であることを再確認し（「三河物語」三下、「乙骨太郎左衛門覚書」、「大三川志」巻十八ほか）、八月六日、甲斐国新府（山梨県韮崎市）まで一兵も失うことなく撤退している（『諏訪市史』上）。

北条氏直はそれを追撃してそのまま甲斐に進軍し、六日中には、箕輪《みのわ》原（同北杜市）に進軍した。徳川軍が新府城（同韮崎市）に布陣すると、氏直はさらに進軍して、七日に若神子《わかみこ》（北杜市）に布陣した。甲府（甲府市）に在陣していた徳川家康もまた、八日に同地を出陣して新府城に着陣した。こうして氏直は、若神子に在陣して、新府城に在陣する家康と対陣するのであった。

佐久郡に派遣されていた曽根昌世は、佐久郡での戦況報告を、信蕃と共に家康に送ったのであろう。これに対し、家康は八月六日付で、「そちらの情況は信蕃からの注進で承知している、敵が味方の奥深くまでやって来たら根切りにしよう、家康の考えは使者に申し含めたので口上をよく聞くこと」と伝えている（「曽根文書」）。信蕃も盛んに家康に状況を知らせていたことがうかがえる。

北条軍本隊が甲斐に転進したことにより、信蕃は佐久郡の北条方攻略を再開した。八月八日、信蕃のもとに加勢として在陣していた日向政成《ひなたまさしげ》（のちの半兵衛《はんべえ》、武田家臣日向玄東斎宗立《げんとうさいそうりゅう》の息子）が、望月城（長野県佐久市）を攻め、首一つ討ち取っている（「寛永諸家系図伝」日向政成譜文）。だが、この合戦で甲斐衆大《おお》木《き》親忠《ちかただ》が戦死した（「東照宮御事蹟第」一五八、「寛永諸家系図伝」大木親忠譜文）。氏直本隊が去り大軍ではなくなったとはいえ、北条方の兵力は侮れず信蕃は苦戦を強いられた（平山二〇一一A）。

望月城の戦いは徳川方は勝利したという理解であった。曽根昌世が家康のもとへ河合金平を派遣し、望月に侵攻し勝利したと伝え、八月十日、家康はこれを喜びさらなる奮戦を期待すると応じている（「曽根文書」）。

木曽義昌が家康と提携する

織田信長より安曇・筑摩両郡を与えられ、深志城（長野県松本市）に在城していた木曽義昌は、本能寺の変後小笠原貞慶《さだよし》に深志城を逐われ、本領の木曽へ退き、織田信長亡きあと、信長にかわって提携すべき相手を模索する。

七月末、義昌は諸臣を集め「信長没後天下之為ニ忠を尽すへきハ徳川家也」（「木曽旧記録」一）と、「徳川は仁義の武士である。我れ此の人に懇情を通じ安危を共にせん」と意中を披露した。諸臣は皆「この儀もっともなり」といって誰も異議を申し立てなかった。そこで義昌は、千村俊政《ちむらとしまさ》、荻原《おぎわら》（遠山）元忠《もとただ》を使者として、当時、諏訪茶臼山城包囲陣中にあった家康の先陣、酒井忠次を通じて家康と提携すべき旨を申し入れた（『源氏命運抄』『西筑摩郡誌』千村右衛門尉俊政ほか）。宿敵・小笠原貞慶が北条方に与していている、これに対抗する意味でも、義昌は徳川の「軍事的安全保障体制」を選んだといえる。

忠次は二人を伴い家康に報告する。家康は喜悦、使者に対面して、「我亦《また》二心なき旨を明すへしとて」書状を認め荻原元忠に手渡した（「木曽旧記録」一）。

この書状で、家康はまず義昌に、滝川一益から受け取った佐久、小県の人質返還を求め、そのうえで誓詞を取り交わし、「信長より進められ候御知行方の儀、聊《いささ》か以って相違を存ずべからず候」と、信長から与えられた知行分、安曇・筑摩両郡は安堵するといい、それについて「貴所へ逆意の者ども是非拙者出馬申し、御本意を遂ぐべく候」と、安曇・筑摩両郡を侵す者あれば、家康自ら出馬し成敗すると書いている。これは、いわば小笠原貞慶を成敗すると約束してくれたということだ。義昌は早速承知した旨の返書を送った（「木曽旧記録」一）。

上杉景勝、徳川との軍事連携を望む

当時、越後（新潟県）の上杉景勝の敵は北条氏直であった。景勝は、武田氏時代に信蕃と同僚であった屋代秀正《やしろひでまさ》に信蕃に連絡をとらせ、徳川家康との軍事連携話を進めていたようだ。八月十二日付景勝の書状（「屋代家文書」）はその事情を伝えているものであろう。一説に、景勝は屋代秀正を通じて、信蕃を上杉方となるよう働きかけていたともいう（平山二〇一一A）。

【上杉景勝書状】

芦田（信蕃）への飛脚帰着、彼の返状とも此元差しこされ、祝着の至りに候。よって其表替る儀無き由肝要に候。兼ねて申し定めるごとく源五（村上）事別して入魂任せおき候。万端仕置何篇も分別次第、源五と談合これあり、相計らえもっともに候。恐々謹言。

八月十二日　　景勝（花押）

屋代左衛門尉殿

（「屋代家文書」＝『戸倉町誌』第二巻 歴史編上。傍線は著者）

「芦田（信蕃）への飛脚帰着」とあるように、信蕃を通じて上杉家との和睦がすすめられ、九月十九日には和睦を成立させている（黒田二〇二〇）。

芦田小屋の攻防

一方、信濃佐久郡では信蕃が三沢小屋に籠城しつつ、隙をみて野沢城、望月城、金井城（長野県佐久市）などの北条方諸城を攻め、さらに関東から碓氷峠を越えて佐久を抜け甲斐の北条軍への兵糧を運ぶ小《こ》荷駄《にだ》隊を襲うといったゲリラ戦を展開していた（平山二〇一一A）。

八月中旬頃、信蕃は金井城（城主市河某）を攻撃したがこれを落とすことができなかった。芦田依田軍と北条方は、金井坂で激戦となり信蕃家臣・塩入重顕が重傷を負った。塩入重顕はその後、八月十三日に死去している（「東照宮御事蹟」第一六二、「寛永諸家系図伝」塩入重顕譜文）。また信蕃家臣・木内蕃正《きのうちしげまさ》も、各地での戦闘で負傷するなど（「寛政重修諸家譜」巻第九百六十四「木内蕃正譜文」）、戦死傷者も増えつつあった。

「（天正十年八月）十九日先達テ信州蘆田小屋ニ於テ戦功アル」（「武徳編年集成」巻之二十四）と、八月十九日に芦田小屋で、信蕃は北条軍と戦っている。この芦田小屋は三沢小屋という説もある（平山二〇一一A）が、北条源五郎の守る芦田小屋（春日城か）のことで、信蕃が北条方の春日城を攻めた戦いではなかろうか。

この戦いには、横田尹松《ただとし》ら甲斐衆も加わっており、甲斐衆辻弥兵衛の部下・今井兵部が負傷したほか、加賀美七郎右衛門尉《かがみしちろううえもんのじょう》が戦死した。家康は八月十九日付で今井に感状を与え戦功を賞し、八月二十日には加賀美の遺児・作蔵《さくぞう》に父の遺跡相続を安堵している（「武徳編年集成」「譜牒余録後編」）。今井兵部は蓼科《たてしな》神社神主といわれ、加賀美七郎右衛門尉は旧武田家臣であろう（市川一九九四）。

また、小諸城に在城する北条方大道寺政繁は、佐久郡釈尊寺《しゃくそんじ》（長野県小諸市）の仏供料を没収し、関係の六ヶ寺を破壊している（「釈尊寺文書」）。釈尊寺は、滋野一族所縁の寺院であるが、依田氏とも関係が深かったのであろう。このように、北条氏の反撃も激しかったようだ（平山二〇一一A）。

津金衆らが勝間反砦（稲荷山城）に入る

北条・徳川両氏が甲州逸見《へみ》筋《すじ》で対陣した際、徳川軍に属した津金胤久《つがねたねひさ》ら津金衆（甲斐国巨摩郡津金を名字の地とする武士集団）・御岳衆などが、徳川方の服部半蔵の伊賀組と協力して、江草《えぐさ》小屋（獅子《しし》吼《く》城。山梨県北杜市）をとり、小尾方面から川上口（信州峠）を開いた。また津金から平沢口を突破して、野辺《のべ》山原《やまはら》・板橋《いたばし》に出て千曲川筋に達し、当時、北条氏の勢力圏内である勝間反砦《かつまそり》（稲荷山《いなりやま》城。長野県佐久市）に入って、ここを拠点とし籠もった。家康は九月九日、津金胤久に機《はた》郷（同佐久穂町）百貫文、市渕郷（佐久穂町）三十貫文を与えている（「譜牒余録後編」十七、『佐久市志』歴史編二中世、『図説佐久の歴史』上）。

津金衆などが勝間反砦に進出したことで、信蕃と甲州の徳川軍との連絡が付き、甲州の北条勢は関東との連絡が絶たれて孤立する危機も出て来た（『臼田町誌』第三巻考古・古代・中世編、『佐久市志』歴史編二中世）。

勝間反砦の（佐久市。稲荷山城）津金衆・武川《むかわ》（六川とも）衆の軍勢が、八月二十九日に千曲川を渡河し、対岸岩崎砦（佐久市、岩崎観音付近）を攻め、北条勢と戦い、首五十三を討ち取り、中でも増《ます》上《がみ》豊前は内田加賀の首を獲り、海野市助は氏直の監使《かんし》芳賀四郎右衛門《はがしろうえもん》を討ち取り、家康より盛家の刀を賜っている（「武徳編年集成」巻之二十四）。

信蕃もこれに呼応して三沢小屋から出撃し、岩崎砦攻撃に加わり、後詰の相木（阿江本）常林（田口城主）と戦い、軍功をあげたという（煎本一九九八、平山二〇一一C）。この戦いで、岩崎砦は徳川方の手に落ちたようだ。この岩崎砦は、相木氏の領域を分断する位置にあり、しかも岩崎から入沢へと続く千曲川右岸のルートをも遮断できる要衝であった。徳川方は、勝間反砦と岩崎砦を共に確保したことで、北条軍の補給ルート遮断に向けて優位に立ったことになる（平山二〇一一A）。

木曽義昌の使者が三沢小屋に来る

その頃、家康は、佐久・小県郡諸士の人質を徳川方に引き渡すよう再度、木曽義昌に要請していた。義昌は「九月義昌家臣金子権助某を信蕃が蘆田（三沢の誤）の小屋につかはし」（「寛政重修諸家譜」巻第三五六「依田康国譜文」）、徳川に従うか北条に従う方がよいか相談している。これに対し、信蕃は「我徳川家の恩に浴すること言をもつて述がたし、よりてはじめより志を一にす。御辺仮令わが質をことごとく殺害すとも、かつてこれを侮ることなし。もしまた我に與《くみ》して徳川家にしたがふにをいては、其質をもってただちにたてまつるべしといふ」（「寛政重修諸家譜」巻第三五六「依田康国譜文」）と、答えている。「義昌其言にしたがひ」（「寛政重修諸家譜」巻第三五六「依田康国譜文」）、徳川方になることを決めたという。

九月二日、家康は義昌に対して下条頼安と共に諏訪に出陣するよう要請し、諏訪頼忠攻めと北条軍の背後を衝くことを企図した（「木曽旧記録」一、平山二〇一一A）。しかし義昌は、家康が本当に自分を支援してくれるか不安だったらしく、重臣・千村俊政を新府《しんぷ》城（山梨県韮崎市）に派遣し、酒井忠次を通じて起請文の拝領を求めた。家康は「此事軍事に紛れ忘れたり、さらバ認《したた》め遣スへし」（「木曽旧記録」一）といって、自筆で起請文を作成し千村俊政に渡したという。これで安心した千村俊政が「有難き旨御礼申しあげ、このうえは、義昌は家康に真忠を尽くし御奉公する覚悟です」と言上したところ、家康はおおいに喜びもう一通の判物を義昌に与えたという（「木曽旧記録」一）。

家康は、千村俊政を御側近くに召し、「汝は義昌の股肱の臣と覚ゆ、忠儀を致せし、我対面し給也」とて、手に持っていた扇子を千村俊政に与えたので、俊政は「感謝に絶す」（「木曽旧記録」一）と感激している。

食料に窮する三沢小屋

信蕃の奮戦を気にかけていた徳川家康は、信蕃が求めていた彼の家臣・同心たちへの扶持のため、黄金四百両を送ることとし、九月八日に信濃の地理に詳しい乙骨太郎左衛門尉を使者として派遣した。

乙骨太郎左衛門尉は、無事に三沢小屋にたどり着き、信蕃に金四百両を渡した(「乙骨太郎左衛門覚書」)。これに対し、信蕃は「千人の御加勢下され候故大導寺と相懸り仕り候て、首数三百打とり申候」(「乙骨太郎左衛門覚書」)と、家康が派遣してくれた千人の加勢により大道寺軍と互角に戦えるようになったと感謝し、これまでに討ち取った敵の首級三百を記録した首帳と自らの書状を、太郎左衛門尉に託した。太郎左衛門尉は、九月十一日に新府城(山梨県韮崎市)に帰還し、信蕃の返書と口上、首帳を家康に進上した。家康は太郎左衛門尉に褒美として、京銭三十貫文を与えたという(「乙骨太郎左衛門覚書」、平山二〇一一A)。

援軍を得た三沢小屋では、兵力が増えた分、兵糧の欠乏は深刻となった。そこで、信蕃は北条方の岩村田城(長野県佐久市)内の味方に命じ食糧調達を行っている。信蕃は岩村田の武士たちを密かに味方に誘っていた。その効もあり、北条に属していた佐久の地侍のなかにも、北条氏に属するを快《こころ》よしとせず、信蕃の味方となるものが出て来た。原長正《はらながまさ》・中沢久吉《なかざわひさよし》(もと岩村田大井氏の家臣)・高付《たかつき》久利《ひさとし》らである。

中沢久吉ら岩村田の武士たちは、北条氏直にその母を人質に出していたが、信蕃の誘いを受けて母を捨ててでも信蕃の命に従おうと、粮米《ろうまい》・塩醤《えんしょう》などを夜な夜な三沢小屋に運び入れたという(「寛永諸家系図伝」原長正譜文、「寛永諸家系図伝」中沢久吉譜文、「寛永諸家系図伝」高付久利譜文ほか)。後日、信蕃らが岩村田城を攻めたとき、原長正らは城内に火を放って信蕃軍に応じている。北条氏直は怒って、田口に置いていた人質の母たちを殺したので、今まで北条に属していた者もみな信蕃に属して、徳川の味方となったという（「寛永諸家系図伝」中沢久吉譜文ほか）。

木曽から人質が戻る

徳川家康は、信蕃ら佐久・小県郡諸士の人質を抑留していた木曽義昌と交渉し、これを徳川方に引き渡すよう要請していた。これは九月中旬までに解決し、木曽義昌は人質を引き渡すことを家康に伝えた。そこで家康は九月十七日、飯田城（長野県飯田市）に在城する奥平信昌《のぶまさ》・鈴木《すずき》重次《しげつぐ》に書状を送り、信蕃らの人質を受け取りに木曽へ松尾城（飯田市）主小笠原信嶺《のぶみね》の使者を派遣するので、人質の帰路の安全を確保するよう命じている（「尾張徳川家文書」）。

【徳川家康書状】

芦田の人質請け取るべきため、小笠原掃部大夫の使者木曽へ指し越し候。かの人質の帰路異儀なく候様馳走ありて、送以下これを申し付けらるべく候。恐々謹言。

九月十七日（天正十年）　家康（花押）

奥平九八郎（信昌）殿

鈴木喜三郎（重次）殿

（「尾張徳川文書」＝『信濃史料』十五。傍線は著者）

小笠原信嶺の家臣が迎えの使者として木曽に派遣され、信蕃の二子、康国（長福丸）その弟康真（福千代丸）をはじめとした佐久・小県郡諸士の人質は、信嶺家臣に連れられて無事飯田城に迎えられた。人質は千村俊政が家康の陣まで連れていったという異説もある（「木曽旧記録」一）。

これにより、信蕃ら佐久・小県郡の諸士は、安心して徳川方に身を投じることができるようになり、家康は彼らに対し強い影響力を保持するに至ったという（平山二〇一一A）。

徳川方に引き渡された康国・康真兄弟は、今度は徳川の質として、遠江国二俣城（浜松市天竜区）に送られた（「寛政重修諸家譜」巻第三百五十六「康国・康真譜文」）。同じく人質であった信蕃の室（跡部氏）については不詳である。

真田昌幸を調略する

三沢小屋で孤軍奮闘を続ける信蕃は、兵糧の欠乏に苦しみ始めていた。このままでは、せっかく北条方と互角以上の戦いをしているのに、その努力が水泡に帰してしまう。そこで信蕃は、起死回生の策を実行に移し、危機的な状況を打開しようと考えていた。それは、北条方に付いていた真田昌幸を徳川方に転じさせるというものである。

信蕃は、武田時代より信玄に寵愛され、武藤喜兵衛尉《むとうきへえのじょう》と呼ばれた若き頃より、多くの活躍をしていた昌幸の実力と才能をよく承知していた。信蕃は「真田さえ味方にできれば、残る連中など物の数ではない」と考え、昌幸に使者を送る決心をした(「依田記」)。

真田昌幸に注目していたのは、信蕃だけではなかった。徳川家康と重臣大久保忠世も同じであり、とくに信蕃の奮闘を支援する役目を負っていた大久保忠世は、信蕃に「真田と御辺は旧友なれば、以才覚、御味方にし玉はば大忠たるべし」(「真武内伝」巻之二)と、「何とか策を用いて、真田を味方につけよ」と申し送った。

信蕃と昌幸とは武田信玄時代から親しくして来た間柄であった。信蕃の他にもう一人曽根昌世という人物がいた。これは信玄の使番を昌幸と共に勤め〝信玄の両眼〟といわれた仲だ。信蕃とこの昌世と二人で昌幸およびその弟の加津野昌春《かづのまさはる》の説得にあたったという。加津野昌春は昌幸の弟で、武田氏の一族加津野家を継ぎ、なかなか智略に秀でた人物で、昌幸のよき助言者として活動していたという(猪坂一九六六)。この昌春は、一早く、徳川氏への出仕に応じている。

一方の信蕃は、津金寺《つがねじ》(長野県立科町)の住職を使者に頼み、昌幸のもとへ派遣した(「寛政重修諸家譜」巻第三百五十六「信蕃譜文」)。津金寺は、依田氏の本拠地芦田にある天台宗の古刹であり、滋野《しげの》一族などと関係が深く、現往も滋野氏の墓所が残されている。信蕃が津金寺の僧に使者を頼んだのは、芦田依田氏だけでなく滋野一族と関係が深い寺院だったことも関係しているという指摘もある(平山二〇一一A)。

しかし、昌幸は応じなかった。そこで、二度目に信蕃の叔父・依田守慶《もりよし》を使者とした。「故にまた家臣（叔父）依田十郎左衛門某を昌幸がもとにゆかしめ、御麾下に属するにをいては、東照宮よりかならず一郡の加恩あらむ。この言もし違はばわが食邑を分てあたふべしとなり」（「寛政重修諸家譜」巻第三百五十六「信蕃譜文」）とか、「（依田）十郎左衛門守慶の縁親蟇《ひき》仁左衛門なるもの真田に仕ふ。依て密に昌幸に説かしむ」（『北佐久郡志』第三編人物篇「蘆田右衛門佐信蕃」）とあり、守慶の妻は、真田昌幸の家来で弓術師範・蟇仁左衛門の姉という関係から、彼を派遣したという（市川一九九四）。

昌幸は、上野国沼田・吾妻領確保のためには、北条氏との対決は不可避と考えていたので、信濃国の本領安堵はもちろんのこと、沼田・吾妻領の安堵と、上野国箕輪領や甲斐国で新恩地を与えるとの条件を受諾し、徳川方に転じる決断を下した（平山二〇一六）。

「三度目には真田安房守自身。蘆田（三沢）小屋之麓まで参り候。右衛門佐（信蕃）義。蘆田（三沢）小屋ゟ罷出。真田と対面仕。直に良久談合御座候つる」（「依田記」）と、今度は秘かに昌幸自身が三沢小屋の麓まで出向き、信蕃は、三沢小屋を出て昌幸と対面したという。信蕃が臣従の証として昌幸に起請文を要求すると、彼は快諾してこれを認め信蕃に渡し、昌幸もまた家康の誓書を請うて帰って行った。

信蕃は依田守慶を新府の家康陣営に送り、家康に昌幸の誓詞を献じた。家康は非常に喜び、信蕃に御書を下され、また昌幸が望みに従い御誓詞（起請文）を賜り、また依田守慶には雷を象眼《ぞうがん》にした鉄炮を与えている（「寛政重修諸家譜」巻第三百五十六「信蕃譜文」）。

信蕃は、家康の起請文を受け取ると、信蕃も自分のを添え昌幸のもとに届けている。このとき、

「七郎右衛門《（大久保忠世）》方よりも委事《クワシキ》、杉浦久蔵に申きかせて、久蔵を忍びて遣《つかわ》しければ」（「三河物語」三下）とあり、大久保忠世よりも杉浦久蔵（「真武内伝」巻之二では杉浦七蔵とある）を昌幸のもとに遣わしている。

しかし、昌幸が受けとった起請文には、一郡を与えるという条件要求が記載されていなかった。信蕃はこれをみて驚き、ことここに至ってせっかく味方につけた真田が家康の約定違反で離反することを憂え、とりあえず自分が貰った諏訪・佐久両郡のうち、諏訪郡を譲るようを申し入れたが昌幸はこれを断り、北条を寝返ったことにより、必然奪われる上野沼田地方の自領さえもらえば、自らは上野の敵地を拝領し、自力でこれを切り取るつもりだと言っている（「依田記」）。

こうして、昌幸は日置《ひおき》五郎左衛門を使いとして家康に属するを約した。家康は日置の労を賞して、遠州榛原《はいばら》郡のうち、甲駿のうちにおいて所領を与えている（『岡崎市史』別巻　徳川家康と其周囲・中巻）。

昌幸は、家康に属することを約束すると、信蕃の期待通り兵糧米を三沢小屋に納めている。三沢小屋は甚しく糧に窮しており、「三河物語」三下に「此頃は小屋も兵糧米につまりて、牛馬を食て命をつなぎける処に真田につづけられて命ながらへたり」と、真田の納めた兵糧米で命を永らえたという。

真田昌幸が受けとった家康の起請文には、一郡を与えるという条件要求が記載されていなかった。信蕃はこの違約に我慢ならず、家康に強硬な申し入れをしたので、九月二十八日、これに対し家康は知行宛行状を昌幸に与えている（「矢沢文書」、市川一九九四ほか）。

信蕃が家康に尽くした大きな功績の一つは真田昌幸を北条氏から離反させ、家康に属せしめたことであろう（『徳川家康家臣団の事典』）。この功により、信蕃は家康より、砲身上面に雷神の姿が華やかにほどこされている「金銀象眼短筒」を拝領している（井原二〇一二）。

実は真田昌幸と家康を結びつけるのに最も大きな役割を果たしたのは、昌幸の実弟・加津野昌春（信昌）であった。家康は真田昌幸の臣属を喜んで九月二十八日、加津野昌春に書状を送り、「この節房州当方へ対され一味を遂げられ、御忠信あるべきの旨使札に預り候。万事その方の御取成故かくの如く落着候。真に以って祝着このことに候」（「譜牒餘録後編」十七）として昌春の働きを賞し、金子五十両を送った（「譜牒余録後編」、藤井二〇二〇）。昌幸が家康に臣属するのに昌春が大きな役割を果たしていたことは明らかである。

また、「氏直手切れの働の儀に於いて、依田（信蕃）・曾根（昌世）おのおのと相談ぜられ、然るべき様任せ入り候」と、北条に対する戦略については、信蕃および曽根昌世と相談提携のうえ、即刻後方攪乱作戦の開始を要望している（「譜牒餘録後編」、中村一九八〇）。

また家康の副状を認めた大久保忠泰《ただやす》も、九月二十八日、昌春に対して真田昌幸が一刻も早く北条氏と手切れを行い、味方として旗幟を鮮明して北条軍を攻撃する（色立《いろたて》之御 働《はたらき》）よう求め、委細は信蕃・曽根昌世が伝えるとしている（「譜牒余禄後編」十七）。

十月十日、信蕃もまた、曽根昌世と連署で、加津野昌春（信昌）に、「貴殿御才覚を以って、甲州へ房州（昌幸）御一味に候。御忠節の段浅からず候」と真田昌幸を調略した功を賞している（「譜牒余禄後編」十七）。

家康、信蕃へ援軍を送る

九月二十一日、家康は「信州蘆田小屋（春日城）ヲ急ニ攻抜べキ」（「武徳編年集成」巻之二十四）とし、信蕃への援軍として、曽根正清（昌世）二十騎（「大三川志」では百二十騎とある）、岡部正綱三十騎、与頭《くみがしら》植松《うえまつ》弥《や》蔵《ぞう》、剣持《けんもち》弥七郎《やしちろう》、岡部竹雲斎《ちくうんさい》の子某、今福《いまふく》求馬《きゅうま》、三井《みつい》十右衛門《じゅうえもん》、河窪信正が派遣された。さらに故・武田信勝の兒扈でいまだ戦場に臨まざる輩《やから》を戦《いくさ》見《み》習《ならい》として援勢に加えている（「武徳編年集成」巻之二十四、「大三川志」巻十九、「信陽雑誌」ほか）。

彼らは、七里岩《しちりいわ》台地上に布陣する北条軍と遭遇することを避けるため、新府（山梨県韮崎市）から武川《むかわ》（同北杜市）に下り、台ヶ原（北杜市）を経て信濃国梶ヶ原（柏原、長野県茅野市）に至り、役行者峯道（雨境峠）を越えて、三沢小屋をめざした。徳川援軍は途中、まったく北条方の妨害に遭わなかったというから、北条氏は甲斐・諏訪間の甲信国境に警固の兵力すら配備していなかったと推察される。岡部らは、三沢小屋で信蕃と合流し、九月二十三日から二十五日、北条方に奪取されていた芦田小屋（春日城）の攻撃を開始し、日夜攻め立てた（「東照宮御事蹟」第一六四、「武徳編年集成」巻之二十四）。

芦田小屋攻めでは、横田尹松は敵を乗倒し、日向伝次郎に首を獲らせ、三井・今福らも共に奮戦している（「大三川志」巻十九、「東照宮御事蹟」第一六四）。

九月二十三日には、徳川家康は市川又兵衛の佐久郡芦田（三沢）小屋における戦功を賞し、甲斐において地を与えている（「御感書」二）。

九月二十五日、信蕃は、三沢小屋から出て、曽根昌世百二十騎、岡部正綱三十騎、植松弥蔵、剣持弥七合三十三騎、今福求馬・三井十右衛門・川窪新十郎らの援軍と共に北条方の占拠する芦田小屋（城将北条源五郎）を攻めた（「御先祖記」二）。横田尹松は敵を乗倒し、妹婿の日向伝次郎に首を獲らせている。今福求馬、三井十右衛門は互に武勇を争い、各馳合する事五箇度、両人は横田が馬上より槍付たる敵二人の首を獲ている（「武徳編年集成」巻之二十四、「御先祖記」二、「東照宮御事蹟」第一六四）。

信蕃ら、碓氷峠を占領する

九月三十日、信蕃は佐久郡が自分のものとなったときには、丸山左衛門太良《まるやまさえもんたろう》を郡中の大工の頭に任命し、そのうえに知行五十貫文を与えると約束している（「丸山文書」、『佐久市志』歴史編二中世）。このとき、信蕃は印文「続栄」の黒印を用いている（『武田氏家臣団人名辞典』）。

【依田信蕃宛行状】

当郡本意においては、郡中の大工申し付くべく候、その上知行五十貫文出し置くべき者なり、よって件の如し、

天正十〔壬午〕
九月晦日　　信蕃（黒印）
丸山左衛門太良
（「丸山文書」＝『信濃史料』十五）

依田信蕃「続栄」

依田信蕃「続栄」

芦田依田信蕃印章（出典：『書の日本史９』180 頁）

小県郡の祢津昌綱は、十月三日、北条氏政から甲斐手塚《てづか》一千貫文と清野《きよの》一跡二千七百貫文を宛がう約束を受けている（「祢津文書」）。徳川方に寝返った真田昌幸は、北条氏直に「手切」を通告し、十月十九日には、北条方の祢津昌綱を攻めたが攻略できなかった（「祢津文書」）。このことは北条方に与えた動揺は大きかったという（平山二〇一一C）。

十月二十三日以前には、真田昌幸と信蕃が協力して伴野・小諸間に軍勢をさし向けている（「田中文書」『武田氏家臣団人名辞典』、黒田編二〇一三）。十月二十四日、北条氏直が垪和《はが》氏続《うじつぐ》などに守備を堅固にするよう命じた（「田中文書」）。

信蕃は上野（群馬県）から甲斐若神子《わかみこ》の北条軍に送られる兵糧や人馬を襲ってこれを奪い、北条軍の補給路を遮断し、やがて真田昌幸と共に碓氷峠を占領し、北条方の物資と人馬の往復を完全に封鎖した（「三河

物語」「寛政重修諸家譜」巻第六百五十四「真田昌幸譜文」、「真田内伝」「列祖成績」巻之四、「御年譜」巻第二)。

碓氷峠経由の補給を絶たれた北条氏直は、十月二十五日、佐久郡内山城(城主小山田六左衛門、備中守昌成。長野県佐久市)に猪俣邦憲《いのまたくにのり》を入れ、内山峠越えでの補給路の確保を命じている(「根岸浩太郎氏所蔵文書」ほか)。また、北条氏は、十月二十五日付で真田の攻撃に屈しなかった祢津昌綱の戦功と人質(「女中方」)の上野国松井田城への移動の申し出(裏切らないという意思表示となる)を賞し、知行を加増している。

佐久平定戦

天正十年(一五八二)九月、徳川家康は甲州より諏訪を経て役行者(雨境峠)を越えて佐久に兵を出した。大久保忠世が徳川軍の大将として芦田(北佐久郡立科町)を攻略、続いて望月城(長野県佐久市)を攻囲した。芦田小屋(春日城)を攻めていた信蕃らも望月の城に馳せ集まり、望月城包囲軍と合流した(望月ほか編一九六九)。

城主望月昌頼《まさより》(印月斎《いんげつさい》の子)以下は一致団結し抵抗したが、武運拙く、十月二十一日、落城する(「信陽雑誌」巻之十八、「御先祖記」二)。徳川方の横田尹松は金井原与十郎という誉《ほまれ》の者を討っている(「武徳編年集成」巻之二十四、「御先祖記」二)。

城主望月昌頼は上田の真田氏を頼って落ちていったという。上田は望月より五里ばかりの地、上田を目の前にして、上田の南黒坪《みなみくろつぼ》（長野県上田市）という地で土民が蜂起して襲いかかり、従者の人らも昌頼を守って防ぎ戦ったが利あらず、昌頼は自殺して果てた。十一月十日、年十八の若武者であった。従者の主だった者、望月対馬守、春日周防介、布下伊勢守、篠沢上野介、矢島左近、大森左京亮、岩下上総、森山又左衛門、矢川仁左衛門、栗村源太、塩原半兵衛、岩井文六、大久保、田中、塩沢らの人々で、討ち死に、あるいは主人昌頼を土民の手に渡すを心よしとせず、首級を落して逃れ、昌頼の首を望月之牧内匠が原（佐久市）に葬ったという（望月ほか編一九六九）。望月印月斎は逃亡したが、のちに降伏し、信蕃に出仕している（『武田氏家臣団人名辞典』、『長野県町村誌』東信編、望月町・管轄沿革）。

続いて信蕃は、叔父・守慶《もりよし》の居城外山《とやま》城（長野県東御市）を占拠していた北条方大谷帯刀《おおたにたてわき》左衛門《さえもん》を破り、これを追い城を奪還した（市川一九九四）。

北条氏直は、佐久郡の北条方への加勢として、北条上総入道道感《どうかん》（綱成《つなしげ》）ら五千余人を甲斐から戻し、また真田昌幸を牽制すべく、上野吾妻《あがつま》郡（群馬県東吾妻町）の大戸《おおど》（手子丸）城主大戸（浦野）入道に対して、ただちに岩櫃《いわびつ》城（同東吾妻町）を攻めるよう命じている（平山二〇一一C）。

十月二十六日、横田尹松ら徳川方は芦田小屋（春日城）をついに攻め落とすことに成功した（「信陽雑誌」巻之十八、「武徳編年集成」巻之二十四、「大三川志」巻十九、「東照宮御事蹟」第一六五）。家康は、このときの功を賞し、十一月九日には甲斐衆今井主計《かずえ》（辻弥兵衛の麾下）に信濃の本領を改め、甲斐国に知行を与えている（「別本古今消息集」）。

家康は、芦田小屋の確保を命じたが、兵糧が乏しかったため、「相守ル所糧米ナクシテ牛ヲ殺シ食セントス」（「武徳編年集成」巻之二十四）という有様《ありさま》であった。これを知った真田昌幸は依田（芦田）入魂のしるしに兵糧を芦田小屋にも送った。これで、喜んだ城兵は「各一命ヲツキ真田ト一手ニ成テ働ント勇ミケル」（「戸田本三河記」）とある。

十月下旬、信蕃は真田昌幸と共に大井雅楽助《うたのすけ》の籠もる岩村田城（佐久市）を攻めた。昌幸は味方の験《しるし》に信蕃といい合わせ八幡原（御馬寄原《みまよせ》）に陣を取った。信蕃は千曲川を渡河《とか》し、塩名田《しおなだ》で態勢を整え、岩村田に攻めかかったが、城兵固く守り、利なく退却する。これを城兵が追撃して来た。後殿《しんがり》の信蕃は自ら槍を執って真先に進み、敵を斬ること三百余、この勢いに城兵四散し、大井雅楽助はわずかに城中に逃れた（「依田記」「家忠日記増補追加」巻之八、「武徳編年集成」巻之二十四、「創業記考異」巻之二「武徳大成記」巻十一、「大三川志」巻十九、『依田長安一代記』「列祖成績」巻之四）。

「寛政重修諸家譜」巻第三百五十六「信蕃譜文」によれば、信蕃は自ら敵の強弱を試みるため、一部の兵を率いて岩村田城を軽く攻め、速やかに兵を引かんとしたところ、城将大井雅楽助、自らが城内より突進し来り、このため信蕃は敗退した。このとき、信蕃は左右より槍を突きつけられてすこぶる危険に瀕したが、芦田又左衛門のために辛うじて難を免れることができたという。

いずれにしても、大井雅楽助は降伏し、岩村田城は落城した。岩村田城内にいて、かねてから信蕃に内応し、三沢小屋に兵糧などを運び入れていた原長正・中沢尉久吉・高付久利らは、かねてより合図を見たらただちに蜂起すると打合せしており、信蕃が合戦の合図を送ると、城内に火を放ち信蕃に応じたという。前述の通り、北条氏直は怒って、田口城（佐久市）に置いていた人質の母たちを殺したので、いままで北条に属していた者もみな信蕃に属して、徳川の味方となったという（「寛永諸家系図伝」中沢久吉譜文、『佐久市志』歴史編二中世、平山二〇一一A）。

信蕃は、岩村田城代に依田勘助を据えた（「依田記」）。これにより、大井の家臣は皆、信蕃に属した。中沢久吉、高付吉久、原長正、小池、岩瀬らである（「寛政重修諸家譜」巻第三百五十六「信蕃譜文」、『北佐久郡志』『岡崎市史』別巻　徳川家康と其周囲・中巻）。

家康はこのたびの功を賞し、信蕃ならびに弟・信幸、信春兄弟、家士の依田豊後守、依田右近、依田主膳正、奥平金弥、石原豊後に感状を授けた（「依田記」「家忠日記増補追加」巻之八、「武徳大成記」巻十一、「大三川志」巻十九）。

昌幸は初めから兵を動かさず、敵が破れるのを見て軍を上田に返している（「寛政重修諸家譜」巻第三百五十六「信蕃譜文」）。

この合戦で、小山田藤四郎（六左衛門、内山城主小山田昌成の子）が負傷しながらも奮戦し、戦功をあげた。このため家康は、小山田藤四郎に十一月十二日付で感状を与えた（「大宮文書」）。

六、芦田依田信蕃の戦死

家康、北条氏と和睦する

芦田依田信蕃と、北条方から離反した真田昌幸が碓氷峠に出陣し、北条氏の補給路を押さえた。依田家の「貞享書上《じょうきょうかきあげ》」に、「右衛門佐信蕃、信州碓日峠に出張仕、北条方之糧道を断ち切り、軍忠に励む」とあり（煎本一九九八）、昌幸も「信蕃とおなじく仰せをうけたまわりて碓氷嶽に陣し北条が粮道をたつ」（「寛政重修諸家譜」巻第六百五十四「真田昌幸譜文」）という。

補給に苦しみ、背後を脅かされ北条氏直は戦意を失った。「依田右衛門佐信蕃・真田安房守昌幸ヲ以テ、ウスイ《（碓氷）》峠ニ備サセ北条ノ糧道ヲ塞ルル故、氏直和ヲ乞」（「御先祖記」二）とあり、ついに徳川家康との和睦交渉が始まる。和睦交渉においては、「あした（芦田依田信蕃）かたへのひきやく《（飛脚）》の事」（「井伊直政覚書」）と信蕃に飛脚を派遣して事情を説明することが条件に盛り込まれている（「木俣家文書」）。北条方としては、家康を通じ信蕃に対し、背後を脅かさないことを求める意図もあったのであろう。

そして、十月二十七日付書状で、家康は佐久で奮戦中で功労者の信蕃に対し、北条との和睦の旨を報じている（「譜牒餘録」四十五）。なお、使者は信蕃甥の依田肥前守信守であった。

【徳川家康書状案】

急度申し入れ候。よって上方忩劇《そうげき》に付いて、当表無事然るべきの由、信長御子達より、度々御異見の間、殊に我等こと、日比《ひごろ》信長御厚恩浅からざるの間、まづ以ってその儀に任せ和与せしめ候。いよいよ相示し、これより依田肥前守を以って、巨細申し入るべく候。恐々謹言。

十月廿七日（天正十年）　　家康御書判

依田右衛門佐（信蕃）殿

（「譜牒餘録」四十五＝『信濃史料』十五。傍線は著者）

この書状にある「上方忩劇《そうげき》」とは、十月に入って、織田政権内の内紛で上方の形勢が切迫して来たことを示している。羽柴秀吉対柴田勝家の対立が激化し、冷たい戦争が熱い戦争となる恐れがあった。勝家は信長の重臣として織田家を支えていこうとする保守勢力、秀吉は織田家に取って代わろうとする革新勢力である。織田信長の次男信雄《のぶかつ》、三男信孝《のぶたか》などは、もちろん勝家を支持し、滝川一益と語らい、秀吉に対抗しようとしていた。そうして信長との旧縁から、徳川家康をも自分たちの陣営に引き込もうと考えていた。そこで、信雄・信孝は盛んに和睦を勧告する手紙を家康に寄こしていたらしい（桑田一九八三）。

「信長御子達より、度々御異見の間」とあり、信雄・信孝がたびたび勧告して来たこと、「日比《ひごろ》信長御厚恩浅からざるの間」と、自分は信長の厚恩もあるので、北条氏と和与することにしたと家康は信蕃に伝えている（「譜牒餘録」四十五）。

また家康は翌十月二十八日、同じ内容の書状を水谷勝俊《みずのやかつとし》（常陸下館《しもだて》城主。茨城県筑西市）に出しているが、その文中に「信長御在世の時節のごとく、惣じて無事もっともに候よし、氏直へ申し理《ことわ》り候間」とある（「東照宮御書」『徳川家康文書の研究』上）。これによると、家康のほうから和睦を打診したようである。おそらく、信雄などから氏直にも「和与」すべき書状が出されていたにちがいないという（煎本一九九八）。

信雄らはおそらく北条方へも同時に和睦勧告を出していたのであろう。このとき進退に窮していた氏直は、信雄らの勧告を幸いとして速やかに家康の和議に応じたのであろう（『岡崎市史』別巻 徳川家康と其周囲・中巻）。

織田信雄らの仲介（柴辻二〇〇五）で、十月二十九日に家康と氏直は正式に和睦した（「家忠日記増補追加」巻之八）。和睦の条件として氏直は「ぐんなゐ（郡内）と作（佐久）の郡を渡し申すべく候間、然らばぬまた（沼田）を此方へ御返し有て」（「三河物語」）との申し入れをしたとされる。すなわち甲斐国郡内《ぐんない》（山梨県都留郡一帯）と信濃国佐久郡は徳川氏に渡すが、そのかわりに真田氏の支配する上野国沼田（群馬県沼田市）を北条領としたいというものである。さらに、家康の娘・督姫《とくひめ》と氏直の婚約をとり交わし、人質を交換したのであった（「異本小田原記」巻之四、桑田一九六二）。それまで劣勢であったにもかかわらず、徳川に有利な条件で北条氏との講和が成立したのである。

和睦に至った背景には信蕃らの活躍によるところ大と流布され、山鹿素行は「武家事紀」の中で、「此の時芦田小屋《(三沢)》より出て、北条家の粮道を絶つ。これによって北条家和睦し引き退く」(『新編武家事紀』)と記す。北条氏直は家康の武略よりも、むしろ信蕃・真田昌幸の二人の奮戦によって敗れ去ったといえる(平山二〇一一B)。

氏直は若神子《わかみこ》(群馬県北杜市)から引き上げるにあたり、朝日山《あさひやま》(山梨県高根町村山北の割)に砦を築いたので、家康は怒って軍勢を差し向けたが、氏直は大道寺政繁の子・直政《なおまさ》を人質に出し、徳川方も酒井忠次の子・家次《いえつぐ》を人質として互いに和解した(「家忠日記増補追加」巻之八、「大三川志」巻十九)。そして、氏直は若神子を陣払いして、平沢《ひらさわ》(長野県南牧村)から大門峠(同茅野市・長和町)を越え、佐久郡をへて、碓氷峠を越えて上州に撤退していった。

信蕃、拠点を前山城に移す

徳川と北条の和睦により、佐久郡は徳川の領国として確定すると、家康から佐久郡を宛がわれていた信蕃は当然、領主として動き出す。黒印を使った印判状を発給し、郡内の諸士に所領の宛がいをするようになる(『浅科村史』)。

徳川と北条との和睦は北条氏・徳川氏ともに、国衆から了解を得たわけではなく、あくまでも双方の都合による取り決めにすぎなかった。そして分割案の実現は「手柄次第」、すなわち実力によって実現するものとされた(黒田二〇一三)。この直後、佐久郡の国衆のうちで北条氏への従属を選択した

前山城跡　長野県佐久市

依田信季《のぶすえ》は、上野国に移住し北条氏から惣社《そうじゃ》領（前橋市）で所領を与えられたが（「蓮華定院文書」）、なお佐久にとどまって、徳川方の芦田依田信蕃への服属を嫌った国衆も多く、佐久郡内はさらに戦乱がつづき、信蕃がこれをきり従えて統一を進めるのである（『佐久市志』歴史編二中世）。

北条勢撤退の様子を見て、信蕃は三沢小屋を出て佐久郡の統一にとりかかった（『佐久市志』歴史編二中世、西澤圭編一九四一）。信蕃は、まず、柴田《しばた》康忠《やすただ》・菅沼定利《すがぬまさだとし》の援軍と共に、野沢《のざわ》城（伴野城。城主伴野氏。長野県佐久市）を攻めた。城兵は自ら城を焼いて逃れ、落城した（「寛政重修諸家譜」巻第三百七十一「柴田康忠譜文」、「大三川志」巻十八、「創業記考異」巻之二）。大久保忠世は野沢城に拠点を移した（「大三川志」巻十八）。

「貞祥寺《ていしょうじ》開山《かいざん》歴代《れきだい》伝文《でんぶん》」に「信蕃すなはち数城を陥れ、威を郡中に震ふ。降るもの多し。信蕃その降者をして咸《みな》家臣に準ぜしむ。（伴野）信守嫡子貞長、深くこれを恥ぢ、これに従はず」とあり、小笠原源氏の名門で、前山城（佐久市）の伴野《ともの》刑部信守《のぶもり》・貞長《さだなが》の父子は、信蕃に降ってその家臣となるを恥じとし、「老若婦人の輩をして、潜《ひそ》かに城を去らしめ」（「貞祥寺開山歴代伝文」）、武門の意地をかけて前山城に籠城した。

十一月四日、徳川の柴田康忠・菅沼定利・三枝昌吉《さえぐさまさよし》らの加勢を得た信蕃は、この前山城を攻め攻略している（「寛政重修諸家譜」巻第三百五十六「信蕃譜文」、「大三川志」巻十九ほか）。「貞祥寺開山歴代伝文」では、伴野信守は自害、貞長は戦死したとある。

この戦いで、日向政成《ひなたまさなり》が軍功を顕し（「寛政重修諸家譜」巻第二百二十二「日向政成譜文」）、河窪信《かわくぼのぶ》俊《とし》・三枝昌吉らが競い合って城に攻め入ったという（「武徳編年集成」巻之二十四、「武徳大成記」巻十二）。また、重田信盛《しげたのぶもり》は外曲輪に火を放ち、先頭に立ち中腹まで攻め上ったところ、城方が貯えておいた大石を落下させたので、これにあたり負傷をしたという（「重田氏系譜」、市川一九九四）。

これで佐久郡内の名族小笠原伴野氏はここに滅亡、「刑部大輔ハ小笠原カ族ニシテ数代弓馬ノ名人ナリ、此時ニ至テ伴野ノ家滅亡シテ、其道ヲ断絶」（「家忠日記増補追記」八）した。

伴野信守は自害したとされるが、石黒八兵衛に討たれた（「武徳編年集成」巻之二十四、「大三川志」巻十九）とも、落ち延びたとも（「寛政重修諸家譜」巻第三百五十六「信蕃譜文」）、翌年病死したとも種々の伝えがあり、さらに貞祥寺にある伴野信守の位牌は「天正十壬午年十月三日」となっていて、彼の命日はその真相を掴むことが困難である（平林一九七三）。落城の日についても諸説がある。また、伴野貞長もまた城から逃れて小田原の北条氏を頼ったともいう（『長野県町村誌』東信編「伴野村」、菊池一九八三）。

信蕃は、「よりて蘆田小屋を去、この城にうつる。これ佐久郡過半平均するによりてなり」（「寛政重修諸家譜」巻第三百五十六「信蕃譜文」）とあり、前山城を佐久郡平定の拠点とし、芦田（三沢）小屋より移った（「依田記」「寛政重修諸家譜」巻第三百五十六「信蕃譜文」、『武田氏家臣団人名辞典』ほか）。妹婿・柳沢元目助を前山城代に据えている（市川一九九四）。

ちなみに、佐久岩村田の吉沢好謙《よしざわこうけん》が江戸中期に著わした「四隣譚藪《しりんたんそう》」に、当時十才位の子供であった桜《さくら》井《い》村（長野県佐久市）の諏訪十という子が、前山城中に入ってこの戦争の様子を見て書いた「諏訪十物語」があり、前山落城の模様を伝えている。

そこでは、「一伴野家の士、桜井某の子、諏方十といふ童《わらべ》あり、九歳ばかりの時、桜井村において七月十六日、里童とつれて川辺に遊ぶ。かねて其父、童にしめして云く、もし門戸を守る事あらば、城に事ありと知て、彼所《かしこ》に来るべしと。此日午《うま》時、家に帰れば、門戸閉《とじ》て人なし、諏方十をしへの如く、込山口の畔《あぜ》つたひ西に行《ゆき》、左右深田にて、敵と城との間に出る。かゝる所へ鎧たる武者一人来て、諏方十がぬれ髪を、取はづしはづし追来《おいきた》る所に、後に物音して、一人声をはげまし敵に突てかゝる。敵も鑓《やり》取直しいどみ、しばらくして去る、敵を追しは、諏方十が伯父なり、伯父声をかけて、塀のひくき所より、諏方十をなげ入るゝに、城中のちり塚に落ちたり、絶入《たえいり》てや有《あり》けん、やゝありて四方をみれば、城中、白髪の大将有《あり》て下知をなす、諏方十なほ塀に添《そい》て、尿をする所に、敵ときの声をあげて、潮《うしお》のわく如く、鉄砲を打《うつ》事あられの如し、其矢諏方十が前髪を射《い》けづりて戸外の柱に当る、其時東の塀に敵大勢付《つき》て、曳《ひく》や声を出し、数十間に手をかけたり、此時城中に、腹巻したる女将一人、長刀《なぎなた》取のべ、塀にかけたる手を縦横にはらへば、しばらくして敵兵皆退散したり。終《つい》に其日の軍やみて城外をみれば、田間《たの》にむくろあまた伏《ふし》てあり、首なければ、かたち箕に似たりとかや、稲も畔も血しほに染れり、その余、童心にて始終をつまびらかにせずと語る。其後前山落城の事あり、夜明けがたに、皆討死の別《わかれ》をなげきかなしめるをみる、ともに夢うつつの如しとぞ。此人寛文年中九十余歳にて死せり。世に諏方十物がたりと伝へ侍《はべ》り。是則《これすなわち》天正十年六七月より十一月二十七日夜、伴野の城落城の時にあたりたるなるべし」とある（「諏訪十物語」＝「四鄰譚藪」巻之一＝『信濃史料叢書』下）。

本格化する佐久の平定戦

北条・徳川和睦で「信濃は徳川領分」と決定し、北条氏直が関東へ去った以降も、小諸城で一人頑張っていたのが北条方大道寺政繁である。和睦で上野は北条と定めたにもかかわらず、徳川方の「真田安房守昌幸は家康の旨をがえんぜず、上野ノ国吾妻城に居る。そのために大道寺もまた小室《小諸》城を退か」（「岩尾家譜」行吉の条）なかったのである。

北条氏直は、十一月五日、大道寺政繁を改めて小諸城代に任じ（『北条氏年表』）、倉賀野家吉《くらがのいえよし》に、上野衆（鉄炮三挺、弓三張、鑓十本、歩者四人、計二十人）を率させて小諸在番を命じた（「大阪城天守閣所蔵宇津木文書」）。

三沢小屋を出て前山城に拠点を移した信蕃は、田口《たぐち》城（長野県佐久市）の相木《あいき》（依田）能登守（阿江木常林）に命令に従うよう促した。能登守は拒んだものの（「寛政重修諸家譜」巻第三百五十六「信蕃譜文」）、信蕃の勢力を恐れ、十一月初ころ田口城を捨てて、一族と共に北条氏領の上野（群馬県）へ逃亡した（「寛政重修諸家譜」巻第三百五十六「信蕃譜文」）。田口城自落である。能登守は北条氏から上野国惣社（前橋市）で知行を与えられている。

これで、佐久郡過半が平定できたわけである。佐久郡の領主として佐久一郡を治めて行くには、田口はほぼその中心で優れた位置にあった。そこで、田口城南麓に大名にふさわしい豪華な居館を建てることとし、丸山左衛門太良を召し、建設を委ねている。建設を委ねた年月は明らかではないが、建設に少なくとも二〜三ヶ月要すると仮定し、信蕃が新居館に移ったのは天正十一年二月のことであるから、田口城の自落は十一月から十二月頃のことになろうか。

十一月七日、家康は松平家忠に勝間反砦の修築を命じている（「武徳編年集成」巻之二十四）。同じ十一月、信蕃は柴田康忠と共に高棚城《たかだな》（佐久市）を攻めた。「高棚と申城。計策にて取り申し候」（「依田記」）とあり、高棚城の志賀与三左衛門は戦わずして降り、志賀与三左衛門はその後の小田井城（佐久市）攻めなどに参加する。小田井城攻めは依田肥前守信守（信蕃の甥）が担当した。肥前守信守は、市村弾正《だんじょう》治郎《じろう》・桜井大膳正《だいぜんのかみ》が籠もる小田井、二俣丹波守が籠もる加増《かます》（長野県小諸市）の両城を一手にして攻め、市村・桜井、二俣ならびに雑兵多数を討ち取って城を落としている（「石川忠総留書」）。肥前守信守はその功によって家康から、先祖の本領一万石と駿河国稲葉《いなば》・大津《おおつ》（静岡県島田市）の二村《ふたむら》で八百石を拝領した（「寛永諸家系図伝」依田信守譜文）。

この形勢に驚いた佐久の国衆、平原《ひらはら》城（小諸市）の平原（依田）全真《ぜんしん》、柏木城（小諸市）の柏木六郎、望月城（佐久市）の望月印月斎、森山城（小諸市）の森山俊盛、耳取《みみとり》城（小諸市）の大井政成、内山城（佐久市）の小山田六左衛門、「何も人敷《(数)》二三百。或は百餘持申す程の小侍共にて御座候」（「依田記」）、「これ人数二百三百持たる士」（「越前福井芦田氏家伝」）、皆前後して信蕃に和を請うて家臣となった（「寛政重修諸家譜」巻第三百五十六「信蕃譜文」、「越前福井芦田氏家伝」、「依田記」、「家忠日記増補追加」巻之八、「武徳大成記」巻十一）。

信蕃は、平尾平三の平尾城（佐久市）を番城とし、従弟の伴野小隼人を配している（市川一九九四）。「金井砦」を守った市川三郎は上州南牧《なんもく》（群馬県南牧村）に敗走したと伝えられている。このとき、信蕃方に加担して金井砦攻めに加わった武将には、小山田六左衛門（内山城主）、志賀与三左衛門（高棚城主）、平原全真（平原城主）、平尾平三（平尾城主）などがいたという（『佐久市志』歴史編二中世）。

平原全真（善心）は孫・盛繁《もりしげ》を携へて小田井の寄手に加わり功を顕した。盛繁は元亀三年（一五七二）十二月、遠江二俣城攻のとき、勝頼の臣として戦没した平原昌忠《まさただ》の子である。また武田信実《のぶざね》の子・川窪信俊《かわくぼのぶとし》も、相木市郎兵衛を討取って功を立てたという（『岡崎市史』別巻 徳川家康と其周囲・中巻）。

北条氏に属していたが、徳川方に降らず、佐久から上州へ立ち去った武士も多い。依田信季もその一人で、十一月八日付、和歌山県高野山の蓮華定院宛書状に「信長御滅後、北条家相憑候処、家康与和与之節、信州家康へ被相渡候故、不慮ニ当国上野へ令牢人」とあり、信濃国が家康に引き渡されたこと、それにともない和睦締結後、信季は上野へ「牢人」し、惣社（前橋市）という所に住居したと書き送っている（「蓮華定院文書」）。

依田能登入道常林（田口城主）の出した十一月十日付書状に「信州他の国にまかりなるにつき、上州へ牢（浪）人いたし居住候処」と、上州へ浪人したとはっきり書いている、信蕃に田口城（佐久市）から追われたらしい様子がうかがわれる（『北相木村誌』）。常林も信季と同じく惣社に住んだのであろう。

惣社に移った依田信季は十二月二十一日に海尻《うみじり》（長野県南牧村）の井出佐左衛門尉に三十五貫文の宛行状を出している（「諸州古文書」）が、これは佐久郡復帰の日に備えようとしているものであろう（井出一九八〇）。

十一月十四日には、北条氏の案内役を務めていた佐久郡高野町の武士・高見沢庄《しょう》左衛門《ざえもん》が信蕃のもとに出仕した。その功績を賞し、信蕃は高柳《たかやなぎ》関助《かんすけ》分三十貫、左京助《さきょうのすけ》分十二貫文の合計四十二貫文を宛がった（「高見沢家文書」『武田氏家臣団人名辞典』ほか）。

家康は、十一月十二日に小山田藤四郎（六左衛門）昌博《まさひろ》の岩村田城攻めなどにおける戦功を賞したので、十九日、信蕃は藤四郎に本領分として内山の内二百十貫文、平賀の内十貫文、馬流《まながし》（長野県小海町）の内十貫文、新地分として入沢七百貫文、岩尾の内三百貫文、合計一千二百三十貫文を与えた（「大宮文書」）。小山田藤四郎は内山城主小山田昌辰《まさたつ》の子で、内山城主三代目であった。父・昌辰は高遠城将の仁科盛信《にしなもりのぶ》と共に戦死した。藤四郎は信蕃に属して十月十一日、岩村田陣で大疵を受け、内山へ引きこもり、十二月二日に没した。法名「虚無道然大禅定門《きょむどうぜんだいぜんじょうもん》」（『佐久市志』歴史編二中世）。

こうして天正十年（一五八二）十一月には佐久郡の大勢は決し、佐久の国衆らは信蕃に服属するかあるいは逃れて上州または小田原に赴くかしたのである。「芦田記」などによれば、当時の佐久郡内の諸城の城主は左の通りである。このうち、信蕃に依然として敵対していたのは小諸城代・大道寺政繁、岩尾城（佐久市）主・大井行吉《ゆきよし》（岩尾小次郎）、相木《あいき》（阿江木、依田）の相木入道常喜だけとなった。

柏木城（小諸市柏木）　柏木六郎（降参）
森山城（小諸市森山）　森山豊後俊盛（降参）
耳取《みみとり》城（小諸市耳取）　大井民部助政成（降参）
平原城（小諸市八満）　平原全真（降参）
加増《かます》城（小諸市加増）　二俣丹波守（戦死）
小諸城（小諸市懐古園）　大道寺政繁、大井河内守満安
外山《とやま》城（東御市羽毛山）　不詳
岩村田城（佐久市岩村田）　大井雅楽助（大炊助、美作守）（降参）
前山城（佐久市前山）　伴野信守・貞長父子（戦死、或は脱走）
平尾城（佐久市上平尾）　平尾平三昌朝（降参）

志賀城（佐久市志賀）	不詳
野沢城（佐久市野沢）	伴野善九郎信番（脱走）
望月城（佐久市望月）	望月源五郎昌頼（自害）、望月印月斎（降参）
高棚城（佐久市志賀）	志賀与三左衛門（降参）
小田井城（佐久市小田井）	市村弾正治郎、桜井大膳正（共に戦死）
小田井金井砦（佐久市小田井）	市川三郎（脱走）
内山城（佐久市内山）	小山田六左衛門（藤四郎。降参）
田口城（佐久市田口）	相木能登守常林（脱走）
岩尾城（佐久市岩尾）	大井弾正行吉（岩尾小次郎）
相木城（南佐久郡北相木村）	相木入道常喜

（『北佐久郡志』『佐久市志』歴史編二中世、南原二〇〇九ほか）

信蕃、将兵らを労い追鳥狩を行う

武田氏滅亡後、徳川家康のために先方となって北条と戦ってきた杉原昌直《まさなお》、桜井久忠《ひさただ》、内山吉明《よしあきら》、日向政成ら甲州と信州の士（甲州・信州の先方衆）を、十二月十二日、家康は甲府へ招いて拝謁させ、忠義の軽重を糺し、本領を安堵したり、旧地を減じたりした（「家忠日記増補追加」巻之八「武徳編年集成」

巻之二十五)。

同じ十二月十二日、家康は甲斐国の統治にあたり、信任厚い平岩親吉《ひらいわちかよし》を甲府に置き甲斐郡代とし、成瀬正一《なるせまさかず》・日下部《くさかべ》定吉の二人を甲斐の奉行として残した。そして、鳥居元忠には都留郡内に所領を与え、大久保忠世に信濃佐久郡平定を任せ、自身は甲府を出発し、浜松城に戻った(「家忠日記」ほか)。浜松到着は十六日である(「水野文書」)。

十二月、佐久郡内において、小諸・岩尾・相木などを除いて信蕃に敵する者はなくなった。信蕃は付属した諸士を集めて大規模な追鳥狩《おいとりがり》を催してこれを慰労し、前山城に諸士を招いて振る舞い、鳥の料理と金子、紅の糸甲《よろいかぶと》などさまざまな品物を褒美として分与した。このとき、遺恨なきよう諸士に籤《くじ》を引かせ、それに応じて褒美を与えたという(「依田記」「越前福井芦田氏家伝」)。「信蕃曰、昨今まで敵味方とて、討つ討たれつの中、斯譜代被官同様の義満足の至りなりと」(「越前福井芦田氏家伝」)、昨日までの敵であった者も譜代並みの待遇をいただいてみな満足に思ったという。しかしそれは、新付の諸士を譜代の家臣なみに扱う信蕃の傲慢《ごうまん》さであると、非難する見方もあった。伝え聞いた岩尾城の大井行吉も信蕃の傲慢さに強く反発したという(『佐久市志』歴史編二中世)。

信蕃は十二月十七日に縫殿《ぬい》左衛門(姓不明)と新左衛門(姓不明)に佐久郡の制圧が実現したら、駿河国志太郡で五貫文の知行を与えると約束し、さらなる戦功をあげるよう鼓舞している(「古文書」十九)。佐久郡を制圧するという信蕃の自信のほどがうかがえると共に、信蕃が家康から駿河においても知行を与えられていたことがわかる（「古文書」十九、『武田氏家臣団人名辞典』）。

【依田信蕃宛行状】

於于駿州志田郡五貫文出置候、當表本意之上、領地可宛行者也、仍如件、

天正十〔壬午〕

極月十七日　（信蕃黒印）

新左衛門との

（「古文書」十九＝『信濃史料』十五。傍線は著者）

信州の情況を柳沢元目助に報じる

天正十年（一五八二）十一月時点で、なおも上野に去ることを潔しとせず、踏みとどまって信蕃ら徳川方に反抗する国衆もあった。相木能登守常林、大井行吉（岩尾小次郎）らである。そればかりか、徳川・北条の和睦後も、北条氏は重臣大道寺政繁を小諸城に在城させたままであり、明け渡すそぶりをみせなかった。

信蕃は、この徳川と北条の和睦・同盟の行方を当初は危ぶんでいた。というのも、佐久郡には「武上之衆」（北条の軍勢）がなおも小諸城におり、不測の事態がいつ発生するかわからず、「手切」となる可能性も排除できなかった。そう考えたのは、和睦成立後も小諸城の大道寺政繁のもとには上野か

ら倉賀野淡路守らの援軍が増派されており、佐久郡の北条方を支援する動きが続いていたためである（「宇津木文書」、平山二〇一一B）。

発地《ほっち》（長野県軽井沢町）の土豪・柳沢元目助宛て十二月二十六日付書で、信蕃は「境目よりの註進の所申し越し候、只今郡中少々の取合ハ内々の事」と、佐久郡掃討戦（「郡中少々取合」）は「内々の事」であり、「大途《たいと》」は家康のことで、「大途之動《はたらき》」（北条・徳川両氏の軍事行動）とは別物であり、徳川・北条間の手切はないという観測を伝えている（「柳沢家文書」＝『藤岡市史資料編原始古代中世』三六九号、『武田氏家臣団人名辞典』）。すなわち、信蕃がめざす佐久郡掃討戦は徳川氏の領域内部の戦闘であって、北条氏に気遣いする必要はないというのである。

表だっての衝突はなかったが、小諸城の北条軍の存在は不気味であったに違いない。だが信蕃は、寒気の厳しい今の時期に「手切」となる可能性は低く、もしそうなるとすれば来春のことだろうと考えていた。そのため「雑説」を流布させて佐久郡の小城を動揺させ、これらを攻め落とす計略を急いだのである（平山二〇一一B）。

閏十二月二十八日（京暦では天正十一年正月二十八日）、信蕃は前山から柳沢宮内助に宛て、北条氏が沼田・吾妻領奪取のため、真田氏の要衝でその中間地点にあたる中山城（群馬県高山村）を攻撃中で、北条軍が碓氷峠を越えて佐久郡に出兵する危険性はなくなったと述べている。北条氏が和睦時の約束通り上野制圧に向けられたことを信蕃は確認したのである。また信蕃のもとには、徳川家康より上野国から小諸城への補給などの連絡を邪魔せぬよう指示が来ており、発地の土豪・柳沢元目助にも、とくに信蕃はこれを守るよう厳命している（平山二〇一一B）。

一方、同じ書状で「正月の礼儀如何たるべきの由に候。三ヶ日の内は何方も用心大切に候」と油断なく警戒するよう命じた（「柳沢家文書」）。

反徳川の諸士、上杉景勝を頼る

佐久郡諸士を帰服させた後、彼らに対する信蕃の態度は傲慢《ごうまん》であった。天正十一年（一五八三）正月朔日の祝賀には、新附の諸将に対し「折紙にて礼譜代の如し」（「越前福井芦田氏家伝」）と、譜代の家臣と同一の礼をもって待遇したという（「依田記」）。大井行吉は、これらのことを聞き伝えて「皆従者のごとし」と憤慨している（大井一九三七A）。また、その年は徳川家康四十二歳の厄年であったため、家康四十三歳のときに祝《いわい》直ししている（「依田記」）。

天正十一年になっても、徳川方芦田依田信蕃による佐久郡の完全平定はできていない。小県郡もまた真田昌幸による平定が同様であった。佐久郡の北条氏の影響力がなくなった今、佐久郡・小県郡の反徳川方の諸士は越後の上杉景勝に志を通じ、景勝に対し佐久郡出馬要請を行ったようだ。

一月十三日、景勝は、信越境の雪解けを待って佐久郡へ出陣することを、飯山城《いいやま》（長野県飯山市）の岩井信能《のぶよし》に伝えている（「覚上公御代御書集」）。

同じ一月には芦田依田勢の一部は小諸の東一五キロメートルに当たる苅宿《かりやど》（借宿、長野県軽井沢町）に進出している（『松井田町誌』）。

一月二十八日（京暦では閏正月二十八日）、やはり前山城から信蕃は柳沢元目助に、苅宿からの訴訟に応え、「借宿の者共自訴の儀申し越し候間印判差し越し候。一入《ひとしお》忠節候様才覚あるべく候」という印判状を与えたと伝えると共に、岩村田衆への合力のために兵糧米を集めているので、そちらも用意するようにと指示を与えた（「柳沢文書」）。

【依田信蕃書状】（折紙）

返々申候、岩村田衆合力として表（俵）子あまたあひあつめさし上候、其内其元ニも候よし申候まま二郎へもんと談合候て相調候へく候、偏任入候又是ハ清水かたへ申候、番替三日之内可越候、其内大儀候共堪（勘）忍候へく候、以上

苅宿之者共自訴之儀、申越候間印判差越候、一入忠節候様ニ可有才覚候、将亦兵庫殿かミ同彼（カ）夫へも知行之判出置之候、何も其方取合之由申候間、可有其分別候、恐々謹言

（黒印「續榮」59）

正月廿八日（天正十一年）　信蕃（黒印）

柳沢元目助殿　前山

（「柳沢保氏所蔵文書」＝『藤岡市史』資料編　原始・古代・中世、三七二号。傍線は著者）

三枝昌吉が相木の砦を落とす

佐久の大部分が信蕃の手に入った頃、相木城（長野県北相木村）の相木入道常喜《じょうき》は信蕃には屈せず頑張っていた。常喜は兵を出し、徳川兵力の入信を拒み、しばしば高野町（同佐久穂町）を襲撃し、その妨害を企てている。相木一族による高野町襲撃の件は、「高野町を焼払い、甲斐国より小諸に至るの通路を遮らんとす」（「寛政重修諸家譜」巻第千百四十八「三枝昌吉譜文」）る企図でもあった。

これに対し、信蕃ら徳川諸将が集まって軍議をした。徳川兵の通路を断たれては困る。そこで高野町を守るため勇士を配置しようと決議したが、このような消極的な戦法に一人反対した士がいた。三《さえ》枝昌吉《ぐさまさよし》である。昌吉は、「進んで敵の本拠を襲撃すべし」と、自らこれを買って出たという（『佐久市志』歴史編二中世、市川一九九四）。

そこで、信蕃は三枝昌吉に要請し相木城を攻めさせた。一月末、三枝昌吉は兵を率いて相木の城を攻め戦って勝ち、数十人を討ち取った。昌吉の部下にも多くの死傷者が出たという（「寛政重修諸家譜」巻第千百四十八「三枝昌吉譜文」、『北相木村誌』ほか）。一月末、城主の相木常喜は逃亡し、相木城は自落した。二月一日付高野山蓮華定院宛書状で相木（阿江木）常喜は「この郡計らざる仕合共出来故遅延の処」と書いてあり、信蕃に相木から追われたらしい様子がうかがわれる（『北相木村誌』）。

ちなみに、昌吉の父・三枝虎吉《とらよし》は信蕃が主将として駿州田中城（静岡県藤枝市）を守備していたときの副将格の武将である。武田氏の滅亡後、織田信長の追及から逃れて、信蕃と同じように家康によって匿われていた。本能寺の変後、家康に仕えていた（「寛政重修諸家譜」巻第千百四十八「三枝虎吉譜文」ほか）。

田口の新築の居館に移る

二月初めには、左衛門太郎に命じて建築していた田口（長野県佐久市）の居館が落成し、信蕃は前山城から移った。そして、前山城には城番を置いた。城番には徳川家臣がその任に当たったようだ。

田口城跡と蕃松院　長野県佐久市

二月八日、信蕃は左衛門太郎に阿江木領（南相木村・北相木村）の番匠《ばんじょう》職の地位の安堵と、命を保証する印判状を与えた（「古文書集」十九）。この事実は、信蕃の調略が相木（阿江木、依田）林の領域に深く及んでいたことを示している（平山二〇一一B）。これは、左衛門太郎が中心になって田口館建築をしたからであろうという（笹本二〇一六）。

二月十二日に「阿江木（相木）出城に於いては、差して人数は入るべからず候か」（阿江木城（相木城）の守りはあまり兵が必要ないから、人数を減らすように）と家康が信蕃への指示しており、相木城の攻略は二月十二日以前のこととなろう。その後、信蕃は、甥の肥前守信守をもって相木城を守らせている（市川一九九四）。

【徳川家康書状】

前山番替の儀、伊奈郡衆相勤むべく候の旨申し付くると雖も、阿江木出城に於いては、差して人数は入るべからず候か。その上近日甲府に至り馬を出し候の間、かの表置目の儀あるべく候の間、先の人数の儀労兵これなき様差し帰され尤もに候。諸事柴田七九郎と談合を遂げられ、才覚専肝に候。恐々謹言。

二月十二日（天正十一年）　　家康（花押）

依田右衛門佐（信蕃）殿

（「依田文書」＝『信濃史料』十五。傍線は著者）

この書状に「先の人数の儀労兵これなき様差し帰され尤もに候」とあり、家康は、佐久郡に在陣する徳川方兵卒の疲労が激しいだろうから、伊那衆を番替に派遣するつもりだと報じている。家康はただちに伊那衆に信蕃支援のため出陣を命じたらしく、二月十六日には、松尾城（長野県飯田市）主・小笠原信嶺《のぶみね》を物主《ものぬし》とした伊那衆が高遠城に集結したことが確認される（「御書集」笠系大成附録）。伊那衆の知久頼氏《ちくよりうじ》は、家康の指示により佐久郡に転戦して信蕃を支援したのちに伊那に帰還している（平山二〇一一B）。

さらに、「諸事柴田七九郎と談合を遂げられ、才覚専肝に候」と、信蕃に対し、家康が派遣した柴田康忠に何事も相談するよう釘を刺している（「依田文書」）。このときには柴田康忠は軍監（指導や監督を行う）という立場にあったようだ。

小諸城は上杉方が確保する

小諸城の大道寺政繁《まさしげ》は、芦田依田方が碓氷・小諸間の苅宿《かりやど》に進出するにおよび、二月十日頃、小諸城を退去（自落）し上野国松井田城（群馬県安中市）へ引き上げている。

二月十四日付上杉景勝書状に「南衆（北条方）、小諸の地自落のところ、祢津・望月乗り入れ」（「覚上公御代御書集」）とある。政繁が退去（自落）した小諸城には上杉派の祢津・望月氏が入り、上杉氏に支援を求めた。祢津は祢津城（長野県東御市）の祢津昌綱のことで、武田氏時代飯山城代の祢津信《のぶ》直《なお》（松鴎軒常安《しょうようけんじょうあん》）の甥である。望月は望月城（同佐久市）の望月印月斎のことであろうか。

そのため、飯山城（長野県飯山市）代・岩井信能《のぶよし》は、二月十四日、長沼・海津城とよく相談して祢津・望月氏支援のためただちに出馬するよう景勝に命じられた（「覚上公御代御書集」）。

その後、上杉勢が佐久郡へ出陣したことを記す資料・記録が残っていないので、景勝の出陣は取りやめになったのではなかろうか。佐久郡へ出陣するための道筋・小県郡に曲者真田昌幸が拠る。すでに昌幸は徳川方に従属しているので、上杉軍がここを突破して佐久郡へ進攻することは困難だった。むしろ、徳川（真田）勢侵攻の防御線の構築が優先課題であったため、景勝の佐久郡進攻は計画倒れに終わったのではなかろうか。事実、景勝はとりあえず同年正月から三月にかけて、小県郡との郡境虚空蔵山（長野県上田市）に防御施設・要害を構築している（志村二〇〇九）。

岩尾城の攻防と信蕃の戦死

　佐久郡の中心にある堅要岩尾城（長野県佐久市）は大井一族の根拠地で、大井行吉（岩尾小次郎）が守っていた。「われは小笠原の余裔《よえい》、何の面目ありて彼《信蕃》の下風に立たんや」（「岩尾家譜」）と、徳川を笠に着た信蕃の下風に立つには家門の誇りが許さないと、信蕃に強く反抗し、近傍の同志を集めて籠城した。信蕃はしばしば大井行吉に降服を勧告したが受けつけなかったという（猪坂一九六六）。北条氏が佐久郡から去ると、行吉は上杉景勝を頼ったようだ。「上杉景勝ガ持分、小県郡小諸、佐久郡岩尾ノ両城」（「武徳編年集成」巻之二十六）と、岩尾城は上杉の持城とあり、北条氏勢力が去った後、反徳川方は上杉氏に流れたことがわかる。

　天正十一年（一五八三）二月二十日、信蕃は軍監の柴田康忠と共に田口城（佐久市）に登った。田口城からは佐久平（盆地）が一目に見渡せる。脚下を帯のように蛇行して流れる千曲川下流の断崖の上に霞んで見える岩尾城を指差して、信蕃は柴田康忠に広言を吐いた。

「佐久郡を見渡して、残す所もなきに小諸一城敵なり。殊に岩尾の小城一つ憎き事なり、明日は攻潰され、柴田は見物せよと」（「越前福井芦田氏家伝」）と述べたという。佐久郡統一の完了を目前にした信蕃の自信のほどがわかる。

攻撃は二十一日からであるが、一説によれば、二十日にも岩尾城を攻めたともいう（「岩尾家譜」行吉の条）。岩尾城は千曲川と湯川が合流する三角地点を擁し、土塁とから堀で本丸から二の丸・三の丸と堅固な構えをとっていた。要所ごとに櫓を立て、敵にそなえる警戒もきびしかった。ただ、岩尾城主・大井行吉（岩尾小次郎）の実力は、当時三百人の兵を養う程度でしかなかったと想像される（南原一九七二）。

二月二十一日、信蕃率いる芦田依田勢は岩尾城に迫った。この様子を見た大井行吉が降伏するとの意向を示したため、攻撃は中止されたという（「越前福井芦田氏家伝」、『岡崎市史』別巻 徳川家康と其周囲・中巻）。そして、この日、和睦交渉が行われたようだが、和平はならなかった（『岡崎市史』別巻 徳川家康と其周囲・中巻）。その二十一日の夜、軍監の柴田康忠から督戦の使者が来て告げた。「城はいまだ陥《お》ちず。足下はなぜ食言《しょくげん》(偽言《ぎげん》＝うそ)するや。また今日城を囲まざるは何故なるぞ」と叱咤される。これに対し、信蕃は「あえておこたるにあらず。明日は城を抜いて朝食せん」（「岩尾家譜」行吉の条）と自信満々に答えている。

明くる二月二十二日早朝より城攻めが始まった。岩尾城では逆茂木《さかもぎ》を並べ、芦田依田軍に鉄砲や弓矢を打ちかけた。家康が付けた軍監の柴田康忠は、決死の士が籠もる城を力攻するのは良策ではない、力攻めをやめるように勧めたが、昨夜、康忠に叱咤されたこともあって、自尊心が高い信蕃はあえて

信蕃兄弟の供養塔　岩尾城跡三の丸にある　長野県佐久市

力攻めを強行する。

このとき、望月某（行吉の外叔）が兵を率いて城を救おうと後詰にやって来たという話がある。「岩尾家譜」に、「二十二日黎《れい》明《めい》、急に城を囲む。大井、浅沼、根根井等が固くこれを防いでいるとき、望月氏某が兵五騎、炮《ほう》卒二十人を使わして、城を救おうとした。しかし敵軍が周りを囲んでいてどうしても城に入ることができない。やむなく千曲川の西、倉瀬（伴野の下県村）の岸に臨んで、炮を琵琶嶋の辺りの敵に放ち、後援の勢いを示した」（大井敏夫訳「岩尾家譜」行吉の条）とある。

孤立無援のなかを敢然として戦う決死の城兵は強く、激しい攻防戦が大手《おおて》台曲輪《だいくるわ》を中心に展開された。信蕃は功を焦ったか、弟・信幸と共に陣頭に立って台曲輪に突入して指揮していたが、浅沼《あさぬま》半兵衛《はんべえ》の部下山中嘉助《やまなかかすけ》・紺垣武右衛門《こんがきたけえもん》が、堀を挟んだ隠し塀の狭間から、至近距離で狙って射った弾丸が信蕃と信幸に命中、信蕃は臍《へそ》の下を打ち抜かれて昏倒し、弟・信幸も急所を打ち抜かれる貫通《かんつう》銃創《じゅうそう》を受けて倒れた。芦田依田勢は、信蕃・信幸兄弟の首級を取られぬよう二人を城外の陣所まで懸命に運び出し、手当を行った。しかし、信幸はその日の晩に死去し、信蕃も翌二月二十三日未明に没した（「依田記」「三河物語」「高野山蓮華定院過去帳」）。このとき、弟・信幸三十四歳、信蕃は三十六歳だったという。信蕃の法名は「蕃松院殿節叟良筠居士《ばんしょういんでんせっそうりょういんこじ》」である。

信蕃兄弟の死については、鉄炮でなく弓の矢に当って死んだ説（「藩翰譜」大久保、「大三川志」巻二十）とか、死んだのは信蕃・信幸の二人だけでなく信春も加えた三兄弟であったという異説（「家忠日記増補追加」巻之八、「諸国廃城考」巻之二十一）もある。

岩尾城の攻防について、「岩尾家譜」は次のように記す。

「夕陽になっても城はなお堅い。時に浅沼半兵衛は台曲輪の櫓（辰巳の方角）に在って士卒を指揮し、かつみずから鳥銃を放つ。火は誤って硝嚢《しょうのう》に入り、たちまち手足を焦がす。余炎は延びて城舎に及ぶ。依田はこの災いに乗じて急に進攻する。大井、浅沼の輩《ともがら》は死を軽んじて力戦した。敵兵平尾平蔵、平原全真等は台曲輪が既に危ういことを察し、むやみに三の丸の堀に乱れ入り、直ちに城壁を破ろうとした。阿久津、東条はこれを阻む。神津郷左衛門勝衆は苦戦し、敵数人を斬ったが、十三創を被る。力すでに尽きて本丸に来たり、行吉に謁して言った、「城兵、戦い疲れ、われまたかくのごとし。ひとえに拝面せんものと欲し帰り来たれり」と。行吉は大いにその労をねぎらい、酒を勧めた。神津は涙を流して恩誼に謝し、その酒を飲むことができずに死んだ。城門はすでに破れ、敵は台曲輪に入る。大井、浅沼はなお防戦する。信蕃および弟の源八郎信幸はみずから堀際に来て士卒を指揮している。そのとき浅沼は従卒山中嘉介、紺垣武右衛門に命じ、塀内にかくれ、各々炮を放たしめ、信蕃、信幸を倒す。ここに至り敵は大いに乱れ、弟善九郎信春は直ちに二人を扶《たす》け、兵を引いて去った。その夜、二人はついに死ぬ。行吉は大いにこれを賞し、愛するところの腰の物（刀は力王の作、昔年父行頼が武田晴信《（信玄）》から受けたもの）を解き、手づから浅沼に授けた」とある。

（大井敏夫訳「岩尾家譜」行吉の条）

寄手の大久保彦左衛門忠教《ひこざえもんただたか》が、「岩尾の城をせむるのとき、奮戦し田野口にをいて首級の功あり」（「寛政重修諸家譜」巻第七百十五「大久保忠教譜文」）とあり、攻撃したのは芦田依田勢だけではなかったようだ。また、重田信盛は前山城攻めに続いて岩尾城攻城戦でも負傷している（市川一九九四）。塩名田《しおなた》付近が戦場となり、「岩尾城責は、芦田方の士十に八九死傷多し、其比塩なたのわたり、血しほに流るる事三日」（「四鄰譚藪」巻之二）という。

大井行吉、岩尾城を開城する

信蕃・信幸兄弟の戦死で芦田依田勢は動揺したようだが、岩尾城の包囲は解かず、なおも攻撃を続行しようと、二月二十三日、信蕃の弟・依田信春は家康に援軍を乞うたという（大井敏夫訳「岩尾家譜」行吉の条）。

だが、軍監柴田康忠は、これ以上、力攻めして多くの犠牲者を出しても無駄だと考え、三月三日、津金寺の僧林鶴《りんかく》、大井行吉の親族の岩尾兵助行教《ゆきのり》を使者に送って、大井行吉の奮戦ぶりを讃え、これ以上の戦いは無駄であると開城を勧めた（福山一九一二、岩尾城、大澤一九七一、小穴一九八八）。僧林鶴は真田昌幸との交渉にも出て来た名僧で、岩尾兵助は行吉の一族で、行吉の父・行頼《ゆきより》のとき、武田信玄に人質として甲州に行き、武田氏が滅亡するに及んで甲州で徳川に属した人物である（大井一九三七B）。

岩尾城内でも連日の激戦で多くの死傷者を出し、これ以上の籠城は困難な状況にあった。行吉は信蕃の死を聞き「家門の誇りから依田に屈するをいさぎよしとせず戦ったものの、徳川に対しては恨みもない。信蕃に降伏することを恥じるのみだったが、信蕃を討ち取ったことで、わが憤りも散じた」と、いさぎよく開城を承諾した（「岩尾家譜」行吉の条）。柴田の条件は寛大で、開城さえすれば城主をはじめ将士にはお構いなしということで（大沢一九七五）、行吉に五日間の猶予を与えた。

行吉は五日間の猶予の間に部下を集めて奮闘をねぎらい、一同解散するようにと説き、城内の財物を分け与え、各々その縁故を求めて思い思いに退散した。そして、乱れた城内を始末したのち、三月七日に開城、徳川軍を迎え入れた（南原二〇〇九ほか）。

大井行吉は北条方の大導寺政繁を頼り上州へ立ち去り、榛名山麓保渡田《ほとだ》村（群馬県高崎市）に幽居した（「岩尾家譜」行吉の条）。行吉に従って保渡田村に移ったものは大井行連・弥左衛門父子、阿久《あく》津藤十郎《つとうじゅうろう》ら数名であった（大井一九三七B、市川一九九四）。

翌十二年（一五八四）六月十七日、行吉は四十三歳で病没したと伝えられる。遺骸は荼毘《だび》に付され密かに佐久郡岩尾村桃源院《とうげんいん》（長野県佐久市）に葬った。法名「南涼院殿風岩秀薫居士《なんりょういんでんふうがんしゅうくんこじ》」と号す（「岩尾家譜」、大井一九三七Bほか）。

岩尾城を開城した大井行吉のその後については諸説ある。「高岩寺記」によると信蕃の三弟である信春が保渡田まで行き、二人の兄の仇・大井行吉を討ったともいう（小穴芳美編『信濃の山城』岩尾城）。「家忠日記増補」巻之八は「岩尾ノ城主岩尾小次郎城ヲ避テ京都ニ遁ル」とか、「武徳編年集成」巻之二十六に「廿三日岩尾ノ城主岩尾小次郎城郭ヲ棄テ上洛ス」とあり、京都へ行ったまま消息を絶ったとも伝えられている（南原二〇〇九）。また「千曲之真砂」巻之八岩尾城に「其後歴数年於南牧谷病死」とあり、南牧谷（群馬県南牧村）で数年後に病没したともいう。

ちなみに岩尾城の将士の大部分は帰農した。このような関係からこの付近には、今でも岩尾城を死守した勇士の子孫が多く残っているという（大沢一九七五）。

信蕃の妻

信蕃の妻は三人いたと思われる。最初の妻は某氏、二番目は加藤氏、三番目は跡部氏と考えられる。

①某氏

「寛政重修諸家譜」（巻第三百五十六「依田信蕃譜文」、巻第二百八十六「植村家次譜文」）によると、信蕃の娘が植村家次《うえむらいえつぐ》の妻となって、天正十七年（一五八九）に嫡男・家政《いえまさ》を産んでいる。家次は永禄十年（一五六七）の生まれで、慶長四年（一五九九）に三十三歳で没している。家次の妻が十五～二十歳の頃に家政を産んだと仮定すると、永禄三年（一五六〇）～天正三年（一五七五）に信蕃の子として生まれたということになろうか。信蕃の長男・康国は元亀元年（一五七〇）と同時期に生まれており、家次の妻の母（信蕃の妻）は康国・康真の母と同じ女性である可能性があるが、本書では別の女性としておく。今後の新しい史料の発見を待ちたい。

②加藤氏（慶泉院）

信蕃の次男芦田松平康真は上州藤岡三万石改易の後、徳川家康の次男結城秀康《ゆうきひでやす》に召し抱えられて以降は、松平姓を憚り、母方の姓「加藤」を名乗り、加藤康寛《やすひろ》と称している。このことから、信蕃の妻は「加藤氏」であったとされる。武田家中の加藤氏には信玄の武者奉行加藤駿河守信邦《のぶくに》（昌頼《まさより》）がいる。「甲陽軍鑑」では「信玄公へ弓矢の指南申すはこの人なり」とある。武田家最高の武者奉行であった。「加藤氏の女」とは、その娘であろう（市川一九九四）。この加藤氏は信蕃の康国・康真の母になろう。

天正八年（一五八〇）二月八日に没し、法名は「慶泉院殿良筠大姉《けいせんいんでんりょういんだいし》」（市村二〇二〇）。

③跡部氏（超嶽院）

「寛政重修諸家譜」（巻第三百五十六「依田信蕃・康真譜文」）によると、康真の母は「跡部大炊助某が女」とある。跡部氏は後妻で、先妻の加藤氏が没した天正八年（一五八〇）後、信蕃が妻に迎えたのであろう。「跡部大炊助某が女」というから、武田勝頼の側近・跡部大炊助勝資の娘であろう。

天正十年（一五八二）三月五日、武田家への人質として、康真（九歳）と共に小諸城に入り、陵神《りょうじん》郭《ぐるわ》に居した（「芦田系譜」）。

天正十壬午二月、康国公時ニ十二歳、武田勝頼ニ質トシテ同国小諸ノ城ニ往ク、時ニ下曽根何某武田ノ臣、質ヲ監シテ小諸ヲ守ル、同三月五日康寛公モ亦母公永宗大姉ト共ニ往テ小諸ノ城に質タリ、此時小諸ノ城中良持（陵神）郭ニ居ス

（「芦田系譜」および市村二〇二〇・四四一頁。傍線は著者）

天正十四年（一五八六）七月十三日に、信蕃の妻は、自身の逆修《ぎゃくしゅ》（生前）供養を蓮華定院で営んでいる。（『武田氏家臣団人名辞典』依田信蕃）。法名は「超嶽院殿永宗大姉」（過去帳日坏信州佐久分第一、『武田氏家臣団人名辞典』依田信蕃ほか）。

信蕃の子・康真（加藤康寛）が越前木ノ本に移った慶長六年（一六〇一）、「芦田系譜」では「木ノ本邑に第を構え御母公及び御内室を引きて是に居し玉ふ」とあり、「御母公」すなわち跡部氏が越前に移り住んでいる。没年は不詳である。

七、信蕃の息子・康国の活躍

康国、生まれる

元亀元年（一五七〇）、芦田依田信蕃の嫡男・康国が佐久郡春日城（長野県佐久市）で生まれた。母は加藤氏であろう。初名は竹福丸。源十郎、幸平《ゆきひら》とも称した（「系図纂要」十二、「寛政重修諸家譜」巻第三百五十六「康国譜文」）。「三河物語」では源七郎ともある。

康国・康真兄弟、人質となる

天正十年（一五八二）二月、信蕃は嫡男・竹福丸（康国。十三歳）を人質とし武田家に送った。康国は小諸城（長野県小諸市）に送られ、城主・下曽根《しもそね》覚雲斎《かくうんさい》の管理下に置かれた（「寛政重修諸家譜」巻第三百五十六「康国譜文」ほか）。さらに、信蕃の次男・福千代丸（康真、八歳）も義母跡部氏と共に質となり、小諸城に送られ、城中良持（陵神）郭に置かれている（「芦田系譜」市村二〇二〇）。

武田氏滅亡後、織田信長により上野国（群馬県）および小県・佐久郡が滝川一益に与えられると、康国・康真兄弟は一益の人質となり、一益が上野国箕輪城（群馬県高崎市）に移ると、兄弟も箕輪城（一説に厩橋城）に移された。その後、兄弟は小諸城に戻され、小諸城代の道家《どうけ》正栄《まさひで》の管理下に置かれた（「寛

政重修諸家譜」巻第三百五十六「康国譜文」)。

六月二日の本能寺の変後、一益は本国伊勢(三重県)に退去する。六月二十八日、一益は木曽谷に入り、佐久・小県郡の諸士の人質をすべて木曽義昌に委ね、七月一日には本国伊勢長島城(三重県桑名市)に無事帰国している(「織田軍記」二十三、「武徳編年集成」巻之二十二ほか)。

これで、康国・康真兄弟は木曽義昌の人質となってしまったわけである(「寛政重修諸家譜」巻第三百五十六「康国譜文」)。九月になって、人質は木曽から徳川方に引き渡された。康国・康真兄弟は、今度は徳川の人質として、遠江国二俣城(浜松市天竜区)に送られている(「寛政重修諸家譜」巻第三百五十六「康国・康真譜文」)。

康国が家督を継ぐ

天正十一年(一五八三)二月二十二日、信蕃が戦死した。三月、家康は二俣城に人質として置いていた信蕃の嫡男・竹福丸(十四歳)を浜松城(浜松市中区)に召して、父・信蕃の旧領を安堵し、元服させ、「康」の諱一字と、「松平」の姓を与え、松平源十郎康国と名乗らせた(「武家事紀」、「千曲之真砂」巻之五、「国事叢記」一「武徳大成記」巻十二、「武徳編年集成」巻之二十六)。外様国衆では破格の待遇といえ、父信蕃の功績に報いたのだろう。本書では芦田松平と表記する。

だが康国は若年であったため、大久保忠世に後見役を命じた。そこで、康国は大久保忠世と共に、

佐久郡前山城（長野県佐久市）に赴いた（「寛政重修諸家譜」巻第三百五十六「康国譜文」）。

康国が佐久を平定する

そして、大久保忠世は康国と共に天正十一年（一五八三）三月、小諸城を攻めた。このとき、幼い康国に代わり忠世が芦田松平勢を指揮している（「大三川志」巻二十、岡崎市役所編『岡崎市史』別巻徳川家康と其周囲・中巻）。

この頃、小諸城は上杉景勝方が占拠していたが、景勝の後詰が期待できないとして、宇佐美民部は城を捨て越後に去り、康国は小諸城を奪取し、ここに佐久平定を完了させた（「大三川志」巻二十、東照宮御事蹟第一七一、「創業記考異」巻之三、「武徳編年集成」巻之二十六、『新編藩翰譜』二、大久保、「三河記」巻之下、「武徳大成記」巻十二「列祖成績」巻之五、『嶽南史』第三巻）。

「武徳編年集成」は次のように記す。

大久保七郎右衛門忠世　命ヲ蒙リ信州ニ至リ康国ガ兵ヲ率シ小県郡小諸ノ城ヲ攻ル城ニハ上杉ノ浪客宇佐美民部定行景勝方トシテ楯籠リ防戦ヲ励スト雖味方頻ニ攻テ田口ノ枝城ヲ陥ス大久保平助忠孝首級ヲ得ル宇佐美民部小諸城ヲ棄テ越後ニ奔リ小県郡大略平治シ松平康国則小諸ヲ居城トシテ是ヲ築改メ郭内広クス

（「武徳編年集成」巻之二十六＝『武徳編年集成』上、三三二頁。傍線は著者）

康国は前山城から居城を移し、六万石の小諸城主となった（「寛政重修諸家譜」巻第三百五十六「康国譜文」）。家康は佐久郡代として大久保忠世を小諸城に配置した。

小諸城主となった芦田松平康国は、三月二十六日には、勝間反砦《かつまぞり》の従兄弟・依田肥前守信守（信蕃の弟信幸の子）に判物を与え、芦田衆・小室（小諸）衆・与良《よら》衆・柏木衆・小田井《おたい》衆四十七騎を同心衆として預け、早くも芦田松平家中の立て直しを開始している（「寛政重修諸家譜」巻第三百五十七「依田信守譜文」、平山二〇一一B）。旧国衆を寄親《よりおや》に附属させる形式を取っており、戦国大名の軍事編成と変わらぬものであったことがわかる（平山二〇二四）。「大権現（家康）、芦田修理大夫康国に命じて、騎馬四十七人・歩卒《ほそつ》貳百人信守にあづけらる」（「寛永諸家系図伝」依田信守譜文）とあり、家康の意向で、今まで大久保忠世が暫定的に指揮していた芦田松平軍団常備軍の指揮権を、依田一門に移行したのであろう。

康国は、小諸城を居城とすると、修築して郭内を広くしている（「武徳編年集成」巻之二十六、「東照宮御事蹟」第一七二）。

「小諸砂石鈔」に、

天神宮　神領同断

宮ハ大井氏勧請也、天神宮ハ芦田氏堀ヽ御普請之節、深サ四五丈下ヨリ光有ル故ニ是ヲ掘リ見レハ、人形ニ似タル朽木掘出シ、則古キ天神宮也ト云託宣有リ、城主鎮守ト成シ給フ、宮地ノ内ニ

主税殿ノ松荒神ノ宮左ニ有リ

（「小諸砂石鈔」＝『新編信濃史料叢書』第四巻、四〇八頁）

とあり、康国の時代、小諸城内の空堀を普請中、土中から光を放っていた天神様の木像を発見したので、天神宮として、城主鎮守として荒神宮と並べて安置したという。

大久保忠隣の娘を娶る

天正十五年（一五八七）十一月、康国は大久保忠隣《ただちか》の娘・於房姫を娶った（「家忠日記」「芦田系譜」）。父・信蕃同様、徳川氏から重視されていたことが窺われる。

同十六年（一五八八）、家康に従って上洛し、四月、康国は従五位下に叙任され、修理大夫を名乗る（「寛政重修諸家譜」巻第三百五十六「康国譜文」、「国事叢記」一、下中邦彦編『大人名事典』五・六、『類聚伝記大日本史』第五巻武将篇）。

小田原合戦で北国軍の先導役となる

天正十八年（一五九〇）、豊臣秀吉が小田原出兵を実行に移す。北国軍の主将は前田利家《まえだとしいえ》である。北国軍は中仙道を進む。途中の碓氷峠は極めて険難で、佐久郡を領しこの地理に詳しい康国を北国軍に副えて欲しいと、利家が徳川家康に請うた。承知した家康は、大久保忠隣、本多正信を使者として小諸に派遣し康国に伝えた。ところが、康国は家康軍の先陣が望みであったため、この家康の命を拒否、即日、兵を率いて小諸を発し駿府に向かった。途中、甲斐国若神子《わかみこ》（山梨県北杜市）で、再び家康に諭され、兵を率いて小諸に帰ったという（「寛政重修諸家譜」巻第三百五十六「康国譜文」）。そして、康国は、信州三組衆（真田昌幸、芦田松平康国、小笠原貞慶）として、この北国軍の先導役となっている（「管窺武鑑」下之上第七巻）。

芦田松平康国は三月十二日に軽井沢（長野県軽井沢町）に在陣の真田昌幸勢と合流した（「真田文書」、平山二〇一六）。同十五日に真田信之は松井田城（群馬県安中市）偵察のため、手勢百三十人余を率いて碓氷峠を降り、松井田の町場まで進んだ。すると、松井田城代大道寺政繁が信之軍に攻撃をしかけて来たという。大道寺政繁次男・新四郎直昌《なおまさ》ほか七、八百騎と合戦になった。この偵察隊には、真田信之だけでなく、康国も加わったようで、「去十五日、芦田（康国）・真田（信之）をはじめとして信州衆臼井峠打ち上げ相動く砌、仕合に及ぶ」と三月十八日付け北条氏直書状（「湊原文書」）にある。

康国、白岩・木次原の戦いで戦功をあげる

豊臣秀吉軍と小田原北条氏の戦いは、徳川方（芦田依田信蕃）に敵対し上州に逃れ、浪人した佐久武士にとって、還住《かんじゅう》の可能性をもつ最後の機会であった。信濃が手薄になったのをみて、信蕃に逐われ上野国惣社領（前橋市）に移住していた阿江木（相木）依田能登守（もと田口城主）は伴野貞長（も

と前山城主）と相談し、北条氏の応援を得て北相木《あいき》に戻り、相木城（長野県北相木村）に旧臣千余人を集めて兵をあげた（『北相木村誌』）。碓氷峠を越えて上野に入ろうとする北国軍（前田利家・上杉景勝・真田昌幸ら）を牽制しようと謀ったともいう（平山二〇一一B）。

大道寺勢との前哨戦は天正十八年（一五九〇）三月十五日の午前中のことであろう。三月十五日の昼頃には小諸に帰還した康国・康真兄弟は、軍勢を率いてただちに相木に進み、十七日、依田信守・信政父子を先手とし（「寛政重修諸家譜」巻第三百五十七「依田信守・信政譜文」）、寅ノ下刻（午前五時）より相木谷へ攻め入り、相木城を陥れた。敵は白岩《しらいわ》城（北相木村）に逃れた。康真は陣頭に立って指揮し、白岩城を瞬く間に攻め落とした。

敵は相木谷を上州との国境のぶどう峠方面へ逃れたが、康国・康真兄弟は平林《ひらばやし》（北相木村）に敵を追い詰めた。上州野栗谷《のぐり》（群馬県上野村）というところまで追い討ちして、伴野刑部貞長はじめ三百余人を討ち取ったが、相木能登守はぶどう峠を越えて上州へ逃げのびた。伴野貞長は二十八歳であった（『佐久市志』歴史編二中世、小穴芳美編一九八八、市村二〇二〇）。

相木能登守は上州野栗谷の斉藤某宅に身を潜めた後、倉賀野《くらがの》（群馬県高崎市）に移り、ここの九品寺《くほんじ》（高崎市）で旬日《じゅんじつ》を過ごし、その後、奥州磐城《いわき》（福島県いわき市）の内藤能登守を頼り仕官したという。子孫は藩主内藤氏の九州延岡（宮崎県延岡市）移封に従って移住したという（『佐久市志』歴史編二中世、市川一九九四）。

三月十八日、秀吉は康国の白岩・木次原戦勝の功を家康経由で賞している（「依田文書」）。

康国、死す

その後、康国は、弟・康真と共に北国軍（前田利家・上杉景勝・真田昌幸ら）に加わり、碓氷峠を越えて上野に侵入し、松井田城攻防戦に参加し、四月十四日に西牧《にしまき》城（群馬県下仁田町）を攻め落とし、その功で四月二十九日には秀吉から賞された（「依田文書」）。

石倉城跡　前橋市

続いて、石倉《いしくら》城（前橋市）を包囲した。石倉城主金井淡路守秀《ひで》景《かげ》（「改正三河後風土記」第二十六巻、「上州治乱記」巻之十五などによれば、城主は寺尾《てらお》左馬助《さまのすけ》ともいう）は弟の長根《ながね》城（群馬県高崎市）主・小林（長根）左馬允《さまのじょう》と共に康国に降伏し、四月二十六日、惣社の陣中に出向いて来ていたが、ちょうどそのとき、馬が逃げて、陣中は大騒ぎをしていた。淡路守は驚き、自分の身が危険にさらされていると感じて康国に斬りつけた（乱心した者に斬りつけられたとか、石倉城主の謀で殺害されたという説もある）。康国は傷を負いながらも応戦したが力つきて死んだ。享年二十一という若さであった。康国の弟・康真がただちに淡路守を斬り、依田信政が小林左馬允を斬り、その従兵百余人も殺させた（『北条史料集』北条記巻六の注釈、旧参謀本部編一九七四、中村一九八〇ほか）。康国の死については戦場で討ち死にしたという異説もある（「石倉記」）。

八、信蕃の次男・康真の活躍

康真の誕生

天正二年（一五七四）、芦田依田信蕃の次男・康真《やすざね》が春日城で生まれた。母は加藤某の娘であろう（「寛政重修諸家譜」では跡部大炊助某の女とある）。幼名を福千代丸、長じて新六郎と称す。康勝《やすかつ》、康貞《やすさだ》、康寛《やすひろ》ともいう（「寛政重修諸家譜」巻第三百五十六「康真譜文」、「系図纂要」十二、「甲斐国志」巻之九十八人物部第七）。家貞《いえさだ》ともいう（立科町光徳寺説明板）。

康真、家康に召される

天正十四年（一五八六）四月十五日、二俣城（浜松市天竜区）にいた芦田依田信蕃の次男・福千代丸は、浜松城の徳川家康の御前に召された。家康みずから、福千代丸の前髪を落とし元服させ、御諱「康」の字および松平の称号を与えた。ここに福千代丸は松平新六郎康真と名乗る。このとき佐々成政《さっさなりまさ》が帯せるところの来国俊《らいくにとし》の太刀と御髪《おぐし》道具を賜り、「汝其武勇にならひ、よろしく忠勤を励むべし」と仰せあり、こののち、家康の傍らに勤仕することになった（「依田記」「芦田記」「芦田先祖記」「国事叢記」一、「千曲之真砂」巻之五小諸城、「越前福井芦田氏家伝」「寛政重修諸家譜」巻第三百五十六「康真譜文」）。

「草花紋柄鏡」（依田尚方氏蔵）は、「諸士先祖之記」に康真が家康の御前で元服したときに使った鬢《びん》道具であると記されている。

兄・康国の遺領を継ぐ

天正十八年（一五九〇）四月の石倉城攻めの惣社での事変で、兄・康国が殺害されたとき、康真は手傷を蒙った。侍医の戸丸導寛《とまるどうかん》の看病を受けながら、康国なきあとの芦田松平軍を指揮すべく八幡原に踏みとどまった。徳川家康はこの康真の勇を賞し（『大日本人名辞書』）、五月三日、兄・康国の遺跡を継がせた（「依田文書」、「寛政重修諸家譜」巻第三百五十六「康真譜文」、『佐久市志』歴史編二中世）。「系図纂要」では五月十一日のこととする。

その後、家康の勧めもあったのであろう、康真は、従兄の依田肥前守信守を陣代として芦田松平軍を預け、自身は手傷の療養のため小諸城に戻っている（「寛政重修諸家譜」巻第三百五十六「康真譜文」、「芦田系譜」、中村一九六八）。

上野国藤岡に移封される

手傷療養のためいったん戦線を離脱して小諸城へ帰っていた康真であったが、六月中旬、怪我の治療もそこそこに小諸を出発して再び碓氷峠を越えて関東へ出兵し、六月十二日頃、北国軍の鉢形《はちがた》城（埼玉県寄居町）攻めの陣に加わり、家康の命をまった。時に、浅野長晟《ながあきら》・本多忠勝・真田昌幸らが来て、康真の復帰を賀している（市村二〇二〇）。

六月十四日に武蔵鉢形城、六月二十三日に八王子城（東京都八王子市）、六月二十四日には津久井城（相模原市緑区）などを攻略する作戦に参加している。

北条氏滅亡後、家康の関東転封が実施されると、康真は上野国藤岡城（群馬県藤岡市）三万石に移封となった。この頃、康真は康国の未亡人（於房姫。了源院）と逆縁婚（配偶者の一方が死亡した場合、死亡した配偶者の兄弟・姉妹と結婚すること）している。これも家康の要請があったのであろう。その時期は、康真が藤岡へ移封の頃とされるので（『藤岡町史』天竜寺）、天正十八年（一五九〇）九月の頃のことであろう。父・信蕃、兄・康国同様、徳川氏から重視されていたことがうかがわれる。

同年（一五九〇）十一月、藤岡城の築城に着手し、翌十九年（一五九一）四月、康真は藤岡城築城工事半ばであったが新城に入城した（『日本城郭大系』4「藤岡城」、『上州の諸藩』下）。

同年七月、徳川家康は、九戸《くのへ》一揆《いっき》討伐のために陸奥国（岩手県）に出陣した。康真も兵を整えて藤岡から出陣している。

康真は、討伐軍が揃う下野国宇都宮（宇都宮市）に至り、家康の命令によって、第五隊となり水沢城（岩手県奥州市）攻めを行うこととなった。

同じときに、関白豊臣秀次は上杉景勝と大谷吉継《おおたによしつぐ》に水沢城攻撃を命じた。そこで、景勝は使いを遣わして、「関白の命令で我らは水沢城を攻める。早く康真は兵を撤退させよ」と伝えた。康真はこれに答えて、「徳川家康公より、この城への攻撃の命令を受けている。家康公の命令なくして、自分の判断で退けることはできない」と主張した。そこで、景勝は脚力（足の早い使いの者）を走らせて、家康に伝えた。家康が兵を退けるように命令を下したので、康真は兵を収めている（『寛政重修諸家譜』巻第三百五十六「康真譜文」）。

藤岡城跡　群馬県藤岡市

文禄三年（一五九四）二月、家康は上洛する。康真も諸将と共に上洛した。家康の命によって、太閤秀吉に拝謁し、康真は呉服《ごふく》一重（赤摺箔《あかずりはく》小袖《こそで》白小袖《しろこそで》）、太刀、馬代を太閤に献上している（市村二〇二〇）。

同年八月、康真は伏見城の普請に参加し、同年十月、伏見城普請の功もあり、秀吉の命により、康真は従五位下、右衛門大夫に叙任された（「系図纂要」十一、「寛政重修諸家譜」巻第三百五十六「康真譜文」、「依田記」）。

八月二十二日、徳川秀忠は康真の伏見城普請を労《ねぎら》っている（「依田文書」「依田記」「寛政重修諸家譜」巻第三百五十六「康真譜文」）。

【徳川秀忠書状】

長々その元に於いて御普請に付いて、苦労察し入り候。何比《いっころ》出来たるべく候か。いよいよ油断なく精を入れられ尤もに候。恐々謹言。

八月廿二日（文禄三年）　　　　　　　　　　秀忠（花押）

松平新六郎（依田康寛）とのへ

（「依田文書」＝『信濃史料』十八、一二一～一二三頁）

ちなみにこの伏見城は慶長元年（文禄五年〈一五九六〉）閏七月十三日の「慶長伏見大地震」にて倒壊している。

康真、改易される

康真は、慶長五年（一六〇〇）元旦に家康に供奉して大坂城本丸の豊臣秀頼に新年の賀を申し述べている。二日には、あらためて徳川家康の邸に参上し、新年の挨拶をし、家康の「お謡初《うたいぞ》め」に群臣と共にお相伴している。

その康真は一月二十三日、大坂の宿舎で痛恨の事件を起こす。康真は、盟友で御家人・大御番《おおごばん》小栗《おぐり》三助《さんすけ》（あるいは三左衛門に作る）と囲碁をかわし三助を負かした。負けた三助は苦しまぎれに康真を非難「席上遁《のがれ》がたき事出来て」（「寛政重修諸家譜」巻第三百五十六「康真譜文」）、康真は一刀のもとに三助を殺害した（『多野藤岡地方誌』総説編）。

この「遁がたき事出来て」とは、新井白石《あらいはくせき》は「藩翰譜」の中で「康直と碁を囲みて負けし人の、我は囲碁には負くるとも、兄の妻を我が妻とはすまじいものを」（『新編藩翰譜』二、大久保）と、「拙者は碁には負けたが、誰それのように、兄貴のお古の女房を喜んで頂戴するようなことはしない」と、憎まれ口をたたいたからだという。短気は親の信蕃譲りで、芦田松平家の血の中にあったといえる（大澤一九七二）。

康真は高野山蓮華定院に蟄居となり、藤岡三万石は改易となった。

結城秀康、康真を招く

時は、まさに関ヶ原合戦が始まろうとしている頃であった。康真は武勇優れた武将である。浪人した康真に誘いの手が伸びる。まず、西軍の宇喜多秀家《うきたひでいえ》が大谷吉継を通じて、康真を家臣に招いたが、康真は応じなかった（「芦田系譜」「寛政重修諸家譜」巻第三百五十六「康真譜文」）。

ここに結城秀康（徳川家康の次男、一五七四〜一六〇七）が登場する。秀康は、豊臣秀吉の養子時代に河内二万石の領主でしかなかったが、天正十八年（一五九〇）七月、常陸国結城城（茨城県結城市）主五万石の結城晴朝《はるとも》から乞われてその養子となり、同年八月、加増されて十万千石の大名となった。秀康は、領地高の急増に見合うように家臣団の強化をはかり、下野（栃木県）・常陸（茨城県）の新領地から浪人化した旧領主層とその家臣、および北条・武田の旧臣を積極的に召抱えている。

このように広く人材を求めていた秀康もまた康真に目をつけたのである。秀康は気性の烈しい反骨の豪傑だったので、囲碁のために人を殺して三万石を棒にふった康真が気に入ったのであろうとの指摘もある（大沢一九七五）。そこで土井利勝《どいとしかつ》を介して、康真を召し抱えようと招いた。「結城中納言秀康卿使をつかはして頻にまねかる」（「寛政重修諸家譜」巻第三百五十六「康真譜文」）とある。

康真、加藤康寛と改めて越前家の家臣となる

慶長五年（一六〇〇）七月二十三日、会津征伐のため徳川家康は下野小山《おやま》（栃木県小山市）に着陣した（「慶長記」）。結城城（茨城県結城市）にあった結城秀康も馳せ参じる。

ちょうどこの頃であろう。秀康の招きに応じた康真（康寛）は小山の陣に赴き秀康に拝謁した（「芦田系譜」「寛政重修諸家譜」巻第三百五十六「康真譜文」）。「諸士先祖之記」では康真が秀康に拝謁したところは下野国宇都宮であったという。秀康はおおいに悦んで康真を迎えたという。こうして、康真は秀康に拾われたわけである。

結城秀康は、関ヶ原の合戦のおり、下野宇都宮（宇都宮市）に陣し、会津の上杉景勝の西上を防いだ。その功により秀康は、慶長五年（一六〇〇）十一月、越前北ノ庄六十八万石（一説に七十五万石）を与えられた。大栄転である。翌六年の正月を結城（茨城県結城市）で迎えた秀康は、二月になって、老臣・本多富正《とみまさ》と芦田松平康真を先発として、北ノ庄城（福井市）の城地を請け取らせた（三上一九八二）。「此

節、松平右衛門大夫源康寛《康真》同道」(「国事叢記」一)とある。

この頃、康真は、松平姓をはばかり母方の加藤姓を名乗り、加藤四郎兵衛康寛《やすひろ》と称した。秀康は、加藤康寛を越前国大野郡木ノ本村《このもと》(福井県大野市)に五千石で封した。そこで、康寛は木ノ本村に第(屋敷)を構へ、御母公(跡部氏)と御内室(清光院)を伴ってそこに居住した。また、福井城の城北に屋敷地を賜った(「芦田系譜」)。この御母公室とは、信蕃の後妻・跡部氏のことであろう。

慶長十二年(一六〇七)閏四月八日、三十四歳で結城秀康が没した。秀康への恩儀を深く感じていた康寛は、剃髪し、名を宗月《そうげつ》と改めた(「芦田系譜」「諸士先祖之記」)。

寛永元年(一六二四)、越前家は秀康の次男忠昌《ただまさ》(一五九七〜一六四五)が継いだ。同年六月、宗月の木ノ本領は秀康の六男・松平直良《なおよし》(直久《なおひさ》)に、二万五千石で与えられた(「但馬守直良公御年譜」『大野市史』六)。

宗月は忠昌に五千石で仕えることになり、木本領を明け渡し、住居を福井の屋敷に移した(「続片聾記」一)。宗月の子・吉賢《よしかた》は寛文七年(一六六七)に将軍に拝謁するにあたり、主君・松平光通《みつみち》より芦田姓を名乗るよう指示を受け、姓を加藤から芦田へ戻している(「芦田系譜」)。吉賢の子孫は福井藩士として続き、明治維新を迎えている。

あとがき

私は、信濃に関係する戦国武将に興味をもって調査している。そして、『信濃岩井一族』（歴研、二〇〇九年）、『信濃村上一族』（歴研、二〇一一年）、『信濃屋代一族』（歴研、二〇一三年）、『藤田能登守信吉』（歴研、二〇一四年）、『小笠原右近大夫貞慶』（歴研、二〇一六年）、『信濃芋川一族』（歴研、二〇一八年）、『木曽伊予守義昌』（歴研、二〇二一年）などを上梓した。

これら著書の中に芦田依田信蕃も登場するが、この当時の私の信蕃に関する認識は、「武田の旧臣であった信蕃は、徳川家康の意を受けて、武田の遺臣三千人を得て佐久に入り、北条氏と戦い、上野・信濃・甲斐へと延びきった北条軍の兵站を襲い、その兵糧を奪い、これにより、背後を脅かされ戦意を失った北条氏直は、あっけなく家康と和睦するに至った」という程度であった。その後、戎光祥出版株式会社の伊藤光祥社長から信蕃について執筆されてはどうかというお話もあり、関連の資料収集や取材を繰り返し、武田の家臣であった信蕃は、武田家存亡の危機にあっても、一途に武田家に忠誠を尽くした信義に厚い猛将であったこと、徳川家康に仕えてからは、その意を受け、佐久平定に邁進、その夢半ばで戦死してしまったが、信義に厚い猛将であったことを知った。そのあたりを本書にまとめてみたつもりである。

私は、今まで、信蕃について「芦田信蕃」とか、「依田信蕃」とも表記していた。「芦田信蕃」と書いたのは、『信濃岩井一族』『信濃村上一族』『信濃屋代一族』『藤田能登守信吉』『信濃芋川一族』で、「依田信蕃」と書いたのは『木曽伊予守義昌』、さらに『小笠原右近大夫貞慶』では、「芦田信蕃」「依田信蕃」とを混在して書いている。本書ではこれを「芦田依田信蕃」で統一した。この観点で、先人の書を再確認したところ、黒田基樹著『真田昌幸』(小学館、二〇一五年)、田中豊茂著『中世武家列伝』(信濃毎日新聞社、二〇一六年)では、信蕃のことを「芦田依田信蕃」と書いている。そこで、本書では「芦田依田信蕃」でいこうと考えたわけである。

本書の編集に苦労をかけてしまった担当の副編集長の石渡洋平氏に御礼を述べたい。

二〇二五年二月吉日

志村平治

付録 芦田依田信蕃関連史跡

【長野県】

依田《よだ》城跡（上田市御嶽堂《みたけどう》）

依田川に面して突き出した金峰山《きんぷさん》（標高七六〇メートル）の頂上に築かれた山城である。御嶽城とも称した（『藤岡町史』）。築城年代不詳。平安時代末期、清和源氏満快流《せいわげんじみつよし》の源為実《ためざね》が依田城を築き、依田六郎と称し、依田氏の祖となった。為実の子依田次郎実信《さねのぶ》は、治承四年（一一八〇）木曽義仲の挙兵にあたり、義仲の拠点とすべく、依田城を明渡し、飯沼（上田市）に移ったという（『小県郡史』『日本城郭大系』8「依田城」）。

岩尾《いわお》城跡（佐久市岩尾城跡）

別名琵琶《びわじま》島城。千曲川と湯川の合流点の断崖上という要害の地に築かれた平山城（標高六五九メートル、比高一五メートル）。文明十年（一四七八）八月、清和源氏小笠原氏流大井氏の一族である長土《ながと》呂《ろ》城主大井次郎右衛門行春の次男弾正行俊《ゆきとし》が築城し長土呂から移った。

文明十八年（一四八六）、行満が家督を継いだ。大永五年（一五二五）三月、行満が没し、長男弾正行真が継いだ。行真は天文八年（一五三九）に没し、嫡子行頼が家督を相続した。

天文十二年（一五四三）九月、甲斐の武田信玄は長窪城の大井貞隆を攻め、岩尾城も攻めた。翌十三年（一五四四）大井行頼は相木市兵衛の勧めにより開城した（『日本城郭大系』8「岩尾城」、『長野県の地名』岩尾城跡）。「信陽雑誌」によると、武田氏は大井氏の降伏後、一時、真田幸隆を城代に任じたともいう。この大井氏は岩尾氏とも称していたようだ（「諸国廃城考」「標註科野佐々禮石」巻之九ノ六）。天文十七年（一五四八）上田原の合戦で勝利した村上義清《むらかみよしきよ》は、佐久郡に進攻した。このとき、大井行頼は岩尾城を回復したと思われる（志村一九九一）。異説では、天文十六年（一五四七）十月頃、大井行頼が岩尾城に復したという（『日本城郭大系』8「岩尾城」）。

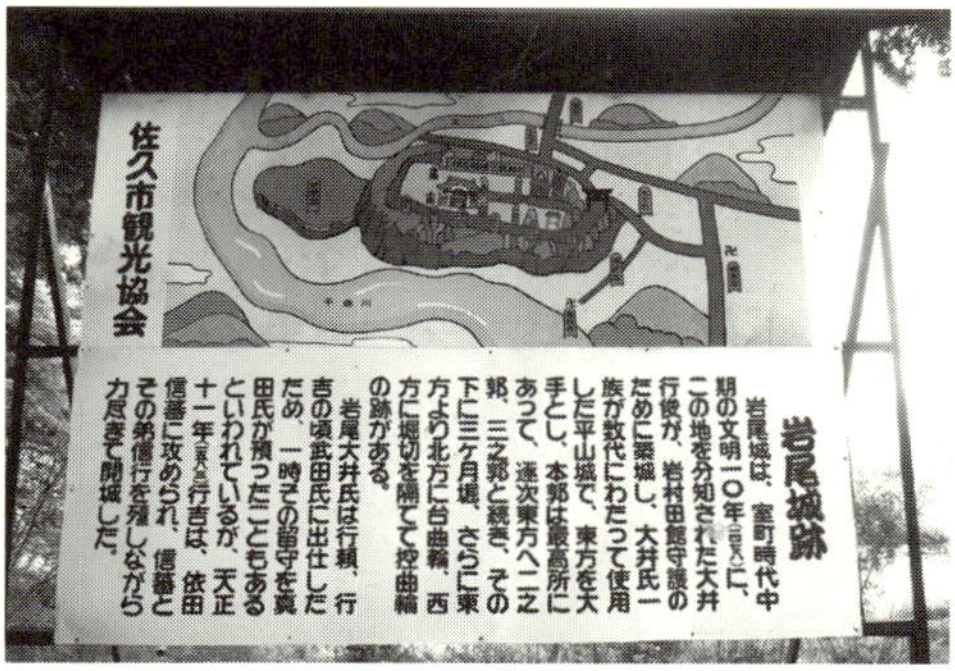

岩尾城跡

大井一族の墓　桃源院境内

天文二十年（一五五一）七月、行頼は初めて武田氏に出仕（「高白斎記」）、同年八月、武田信玄自らが岩尾城の鍬立《くわた》て（地鎮祭《じちんさい》）を行い（「高白斎記」）、さらに天正六年（一五七八）には武田勝頼が城の修復を命じている。

天正十年（一五八二）三月、武田氏が滅亡すると行頼の子・行吉

康国寺

康国公墓　康国寺境内

は北条氏に臣従し、芦田依田信蕃の率いる徳川勢に迎撃態勢を示した。軍監柴田康忠の監督の下で佐久地方平定の先導役、新たな佐久郡の支配者を自認する信蕃に対する反感があったのである。

天正十一年（一五八三）二月二十一日、芦田依田勢の総攻撃を決死で防戦して退けた。二十二日、信蕃は自ら陣頭に立って、塀を乗り越えて城内に攻め入ろうとしたが、鉄砲で狙撃され、翌二十三日の未明に没した。信蕃を討ち取ったことに満足した行吉は、柴田康忠の勧めに従い、三月七日に開城して上州保渡田に幽居し、岩尾城は廃城となった。現在、城址に伊豆箱根三島神社が建っている。

三の丸の空堀跡に信蕃・信幸兄弟の供養塔（五輪塔）一基が残る（小穴編一九八八、市川一九九四ほか）。城跡の二ノ丸に大井弾正行満建立の供養塔、岩尾城跡三ヶ月堀を南へ下った場所に、「下の屋敷」という一角があり、岩尾城主大井氏五代の墓（久しく風雨に曝された五輪塔四基と宝篋印塔一基）が残るという（市川一九九四）が、筆者は確認できていない。
　城の東方に菩提寺桃源院があり、大井一族の墓がある。

康国寺《こうこく》（佐久市春日二九三五）

　曹洞宗岩村田 龍雲寺《りゅううんじ》末寺。山号は全城山《ぜんじょうさん》。御本尊は 聖観音菩薩《しょうかんのんぼさつ》、脇立《わきだち》は不動明王《ふどうみょうおう》、地蔵菩薩《じぞうぼさつ》。天正十八年（一五九〇）に芦田松平康真が兄康国の追福のため、先祖芦田依田下野守信守、同右衛門佐信蕃の居館跡に創建し、光国寺と称した。開山は岩村田龍雲寺第五世天外大雲《てんがいだいうん》和尚（康国の大叔父で信蕃の叔父）。のちに、康真が現在地に移し、康国寺と改称したという（『大日本寺院総覧』下、「信濃宝鑑」上「康国寺」、市村二〇二〇ほか）。

前山城跡（佐久市前山）

　別名伴野《ともの》城。標高七二六メートル（比高六〇メートル）の山城で、文明年間（一四六九～八七）、小笠原一門の伴野光利《みつとし》が築いたという（『長野県の地名』）。代々伴野氏の居城。天文九年（一五四〇）武田氏が佐久郡に侵入してくると、伴野氏はこれに従った。「塩山向嶽禅庵小年代記《えんざんこうがくぜんあんしょうねんだいき》」（『甲斐志料集成』十二）に天文九年「築前山之城在陣」とあり、武田氏が城の補強をし、宿城としている。武田信玄がたびたび宿泊している。天文十七年（一五四八）二月の上田原《うえだはら》の戦いで信玄が村上義清に敗れ、前山城は一時村上方に奪われたが、同年九月十一日に信玄が攻略した。「高白斎記」によると同年九月二十一日、前山城の普請を始めている。

天正十年（一五八二）織田信長が本能寺で亡びると、佐久の支配をめぐって徳川家康と小田原の北条氏直が争ったとき、伴野氏は北条氏に仕えた。家康は芦田依田信蕃に佐久郡を与え、その平定を命じた。十一月四日、前山城は信蕃の軍に攻められ落城、城主伴野信守とその子貞長は奮戦したが力及ばず敗れ、貞長は小田原の北条氏を頼って逃れ、信守は戦死したとも落ち延びたともいわれている（菊池一九八八）。その後、信蕃は前山城を佐久平定の拠点とし、三沢小屋より移り居城としている。

城跡内に若宮八幡宮《わかみやはちまんぐう》と諏訪社を合祀した伴野神社がある。城の南方洞源山貞祥寺《どうげんざんていしょうじ》は伴野氏の菩提寺である（『長野県の地名』）。

貞祥寺《ていしょうじ》（佐久市前山一三八〇―一）

曹洞宗。山号は洞源山。本尊釈迦如来。大永元年（一五二一）、前山城主の伴野貞祥が、祖父光利の三十三回忌と父光信の七回忌の追善ため、荒山の西の岡に創建した。武蔵国比企郡の慶徳寺《けいとくじ》にいた叔父の節香徳忠禅師《せっこうとくちゅうぜんじ》（仏光円明禅師《ぶっこうえんみょうぜんじ》）を請じて開山とした。徳忠禅師は光利の「洞源院殿廓翁了然《どうげんいんでんろうおうりょうねん》菴主《あんじゅ》」の院号を山号洞源山とし、貞祥の名を寺名とした（『佐久市史』歴史編二中世、長野県文化財保護協会一九九八、信濃郷土史研究会編一九八一、池田ほか一九九六）。貞祥は寺領百貫文を寄付したという。以後、伴野氏の菩提寺として栄えた。

永禄七年（一五六四）八月一日、武田信玄は寺領百貫文を附し、同寺に制札をかかげている。天正十五年（一五八七）二月十一日、芦田松平康国が寺領を安堵している。慶長二年（一五九七）二月六日、小諸城主仙石秀久《せんごくひでひさ》も百貫文を寄進した。慶安元年（一六四八）二月二十四日、徳川家光は寺領十五石を寄進している。

本堂は貞享年間（一六八四〜八八）の建立という。境内にある三重塔は松原湖《まつばらこ》（長野県小海町）の長湖《ちょうこ》の岸にあった神光寺《しんこうじ》にあったのを、廃仏《はいぶつ》毀釈《きしゃく》により神光寺が廃寺になったため、明治二年（一八六九）に貞祥寺に移築したものである（『長野県の地名』貞祥寺、長野県文化財保護協会一九九八）。また、信濃毎日新聞社刊『信州百寺』に選ばれた佐久を代表する古刹である。

寺宝として、徳川家康像、武田信玄像、伴野貞祥像、武田信玄朱印状、同制札、依田氏寄進状、仙石氏寄進状などがある（『日本名刹大事典』『大日本寺院名鑑』下、『全国寺院名鑑』、菊池一九九四）。

貞祥の墓は裏山にある。境内には島崎藤村が小諸に住んでいた頃の旧宅が移築されている（『長野県の地名』貞祥寺）。

田口城跡（佐久市田口）

田口城は標高八八一メートル（比高一五〇メートル）の山城で、田口氏の居城。天文十五年（一五四六）、武田信玄の佐久侵攻により落城した。天文十七年（一五四八）二月の上田原の戦いで武田氏が村上義清に敗れ撤退すると、佐久では動揺が広がり内山城（佐久市）は放火され、その隙をついて、六月に田口長能《ながよし》が田口城を奪還した。武田信玄は、八月十八日、小山田信有に命じて佐久郡田口城を攻めた。

ところがかえって小山田信有は、村上義清の支援を受けた佐久衆の重囲に陥ってしまった。九月六日、信玄は諏訪から佐久郡に入って、十一日に前山城（佐久市）に伴野《ともの》信豊を攻めて破り、勢いを駆って同地方十三ヶ所の城を攻め落した。九月十五日、武田軍の猛攻により、田口城は城将田口長能以下ほとんどが討ち死にし、落城した（志村一九九一）。ここに田口氏は滅亡する。

その後は依田（相木）能登入道常林が城主となったが、武田家滅亡後、徳川家康についた芦田依田信蕃が攻略したため、能登守は北条氏を頼って上州へ落ち延びた。信蕃は田口城に入り、麓に館を構えた（『長野県町村誌』東信編「田口村」ほか）。この館跡に蕃松院が建てられている。蕃松院は信蕃の子・芦田松平康国が信蕃のために建立した寺で、信蕃・信幸兄弟の墓とされる五輪塔がある（長野県文化財保護協会一九九八）。城址には石積みや堀切などの遺構が残る。

蕃松院《ばんしょういん》（佐久市田口二八九三）

曹洞宗。山号は大梁《たいりょう》山。本尊は釈迦牟尼《しゃかむに》仏。田口城跡の麓にあり、かつて芦田依田信蕃の館があったところである。創建年代不詳。古くは天台宗の寺で字道場にあった（『長野県町村誌』東信編「田口村」）。永禄三年（一五六〇）、武田信玄（晴信）が寺領六十貫五百文を寄進している。元亀年中（一五七〇～七三）兵火に罹《かか》り、天正八年（一五八〇）八月、上野国小幡（群馬県甘楽町）宝積《ほうしゃく》寺《じ》第九世儀山沅孝《ぎざんげんこう》和尚が開山して、妙法（明法）寺と号し、曹洞宗に改められた（信濃郷土史研究会編一九八一、池田ほか一九九六）。同十一年（一五八三）二月、芦田依田信蕃が岩尾城を攻め、弟源八郎信幸と共に戦死した。

天正十二年（一五八四）に信蕃長男の芦田松平康国が田口の信蕃館跡に妙法寺を移転し、父の戒名「蕃松院殿節叟良筠《せっそうりょきん》大居士」に因《ちな》んで蕃松院と改称、田地若干を寄進した。なお、寺号「蕃松院」の「蕃松」は城跡の松や、信蕃が大切にしていた「お手植松」などの蕃《しげ》る様がその所以ともいわれている（現地説明板）。

かつて総門前に信蕃お手植松と称する老松があったが、明治十六年（一八八三）一月、大雪のため倒れてしまった。同年四月、「植継の松」として、龍岡城内の御殿の松を移植し、「御殿松《ごてんまつ》」として、かつての信蕃お手植松のあったところにある（現地説明板）。

蕃松院

信蕃・信幸兄弟の墓　蕃松院境内

本堂裏手の高台の墓所に信蕃、信幸兄弟の墓（五輪塔）がある。平成二十二年（二〇一〇）改修工事の際、その五輪塔の建つ土台の大石の下から信蕃が愛用したとされる太刀が発見された。本堂内に

▲御殿松　蓄松院境内

▶信蕃の位牌　蕃松院蔵

はその太刀、信蕃の位牌、信蕃の立像（造形作家小川淳一氏作）が安置されている。

春日城跡（佐久市春日二九三五）

別名、秋葉山城、芦田小屋ともいう（『日本城郭大系』8「春日城」、菊池一九九四）。康国寺の背後に聳える標高八九二メートル（比高一二〇メートル）の山頂に築かれた山城である。南方の蓼科山山麓に詰城として小倉《おぐら》城と避難小屋としての穴小屋、大小屋城（押出城）と避難小屋としての三沢小屋が一体となった大規模な山城である（『長野県の地名』「春日城跡」、岡部二〇二〇）。

鎌倉時代から室町時代にかけて祢津氏庶流の春日氏代々の居城であった。永正十三年（一五一六）佐久郡望月地方の豪族望月氏に攻められ、祢津氏庶流の春日氏は亡び、その後は望月系春日氏の居城となった。

天文十二年（一五四三）頃、望月系春日氏は武田氏に降伏し、春日氏に代わって、芦田城主芦田依田信守の支配地となり、

「高白斎記」に天文十八年「三月〔巳卯〕、芦田四郎左衛門春日ノ城再興」とあるので、この頃、芦田依田氏は地の利よろしきをもって、芦田城から春日城に本拠を移した（『日本城郭大系』8「芦田城」）。

芦田依田氏は、春日氏時代より住民の鎮守の森であり守り神の「根神社」を安堵し引き続き、鎮守の森とし守り神とした（岡部二〇二〇）。

芦田依田氏は、日頃は麓の居館「春日館」で過ごした（『長野県町村誌』東信編「春日村」）。

芦田依田信守・信蕃父子は武田氏に仕えて信濃先方衆として各地を転戦した。天正十年（一五八二）、武田氏滅亡後、信蕃は佐久郡へ戻り、小諸城、そして春日城へ戻ったが、北条氏の攻撃を受け、支城の小倉城さらに三沢小屋に逃れ、春日城は北条氏が占拠した。徳川と北条の講和成立後、信蕃は春日城を奪還したが、本拠を前山城、さらに田口城に移している。岩尾城を攻めたとき、信蕃は鉄砲に撃たれ弟・信幸と共に討ち死にした。

信蕃の跡を継いだ康国は松平姓を賜って芦田松平康国と名乗り、小諸城六万石を領した。本拠は小諸城に移った。

現在、麓の春日館跡には康国寺がある。康国の菩提を弔う為に芦田松平康真（康勝）によって建立された寺院である。

小倉城跡（佐久市春日）

天正十年（一五八二）七月、北条氏に攻められ、芦田依田信蕃は春日城から支城の小倉城へ後退した。「北条氏直六万の兵と激戦、出没して敵を退けし所なり」（『長野県町村誌』東信編「協和村」「小倉城」）とあり、一説に、信蕃はここを拠点にゲリラ戦を展開し、北条軍を翻弄したという（『北佐久郡志』第四篇町村篇「春日村」）。信蕃は小倉城から、さらに山奥の三沢小屋に退き籠城している。

小倉窟（佐久市春日）

別名茨《いばら》小屋《ごや》城という。「小倉城の北の山腹、巌石嶮峻にして、荊棘鬱密たる中にあり、入口は艮《うしとら》に向ひ、高二尺、幅四尺、身を伏して入るべし、中に足掛り一段あり、穴中方一丈五尺、高八尺、一小穴ありて明をひく、高五寸、長二尺」（『長野県町村誌』東信編「協和村」「小倉窟」）で、芦田依田信蕃が妻子従属を分置して、敵にその居を知らしめざりし旧跡なりという（『北佐久郡志』第四篇町村篇「春日村」、『長野県町村誌』東信編「春日村」）。

三沢小屋跡（佐久市春日）

天正十年（一五八二）七月、北条氏に攻められ、芦田依田信蕃は三沢小屋に籠もっている。ここは当初「穴小屋」と呼ばれていたが、穴小屋の旧名を忌み、地名から三沢小屋と改めたという（『北佐久郡志』穴小屋城址、福山一九一二）。三沢の地名は大河原峠《おおがわらとうげ》に近く、春日渓谷の詰、すなわち、鹿曲《かくま》川の源流付近の沢の詰めが、鹿角沢《かのかどさわ》、おおたるみ、三沢横手、と三つに分かれていることからの命名という。芦田依田氏が籠もったことから、芦田小屋ともいう。また、山小屋とも呼ばれたようである。

三沢小屋（芦田小屋）は芦田城のこととする説（宮坂二〇一六）、春日城とする説もある（『日本城郭大系』

8「春日城」、菊池一九九四）。「依田記」などがいう三沢小屋は、鹿曲川の上流十数キロメートルの所にある大小屋城（一名、押出城）であるとも伝えられている（『日本城郭大系』8「春日城」）。いずれにしても、三沢小屋の所在地について確かなところは分かっていない（『望月町誌』第三巻　歴史編一原始・古代・中世編「望月町」）。

津金寺《つがねじ》（北佐久郡立科町山部二七九）

天台宗比叡山末寺。山号は慧日山《えにちざん》、院号は修学院。本尊は阿弥陀如来《あみだにょらい》、境内仏堂に聖観世音菩薩。寺伝によれば、もと無本寺で、大宝二年（七〇二）に行基《ぎょうき》が山部《やまべ》の地に至り、榧《かや》の木をもって三尺三寸の聖観音像を彫り、一宇を営んだのにはじまり、弘仁六年（八一五）、最澄《さいちょう》（伝教大師）が再興し、その弟子円仁《えんにん》（慈覚大師）が仁寿年中（八五一〜四）に諸堂を完成させたと伝わる（宮坂宥勝ほか一九九六）。中興開山は隠海大僧正《いんかいだいそうじょう》で、応安六年（一三七三）に法灯《ほうとう》を継ぎ、比叡山の学林、すなわち修学院として、四宗兼学（天台宗、真言宗、法相宗、禅宗）の道場となった。津金寺は望月牧の牧官だった滋野氏など地方豪族の厚い尊崇を受け、滋野氏やその一族滋野系芦田氏の祈願寺であった。

元亀三年（一五七二）、武田信玄の庇護により天台宗に改宗。天正十年（一五八二）に織田信長が進攻したとき、兵火で焼失した。同年九月、ここの寺僧が芦田依田信蕃と真田昌幸の橋渡しをしている。そして佐久の領主となった信蕃の庇護を受ける（櫻井編二〇〇九）。のち、小諸城主芦田松平康国が修繕を加え、かつ観音大士を安置して寺運をもりかえし、以後、小諸城主の厚い保護を受けた（『長野

津金寺仁王門

県の地名』津金寺、「信濃宝鑑」上「津金寺」、『北佐久郡志』第四篇町村篇「横島村」、信濃郷土史研究会編一九八一）。

元禄十五年（一七〇二）に観音堂、文化十年（一八一三）に仁王門が再建、天保七年（一八三六）には妙見堂が建立された。

津金寺の静かな裏山に、滋野氏某夫妻が承久二年（一二二〇）四月八日に生前の供養を行って奉納したといわれる逆修供養塔が二基（北塔・中塔）と、滋野盛道《もりみち》が嘉禄三年（一二二七）十月十四日に亡父母の菩提を弔うために造立し、法華経などを書写して奉納したと伝えられる納経塔一基（南塔）がある。境内に保科《ほしな》五無《ごむ》斎《さい》の歌碑がある（『日本名刹大事典』『長野県の地名』津金寺ほか）。

寺の什宝「涅槃図《ねはんず》」「羅漢画像《らかんがぞう》」は、もともと、遠江国の安国貞永寺《じょうえいじ》（静岡県掛川市）の什宝であった。天正年間（一五七三～九二）、高天神城（掛川市）をめぐる攻防の兵火により、貞永寺の多くの堂宇・寺宝などが焼失している。このときのことか、遠江に派遣されていた芦田依田信蕃がこの什宝を佐久に持ち帰ったのではないかという指摘もある（櫻井編二〇〇九）。この什宝は、信蕃の子・芦田松平康真が越前へ移住した際、越前芦田氏の菩提寺・総光寺に納められた。この什宝は寛文五年（一六六五）、康真の子・吉賢によって津金寺に返還されている（櫻井編二〇〇九）。

芦田城跡（北佐久郡立科町茂田井二七三）

芦田川東岸に聳える標高八〇六メートル（比高六五メートル）の半独立の小山（高井山）にある茶臼型の山城で、別名、木《き》の宮《みや》城・倉見高井城・芦田か城・芦田乃城ともいう。芦田城は鎌倉時代に滋野系芦田氏が築城。永享八年（一四三六）、依田経光が、芦田に進出し、滋野系芦田氏（一に滋野重《しげ》房《ふさ》）を滅ぼし、山麓を流れる芦田川の対岸に居館を築き住み、依田系芦田姓を名乗った（『日本名字家系大事典』、『日本城郭全集』5、中村一九六八ほか）。文安二年（一四四五）、経光の子・光徳《みつのり》が滋野系依田氏の城を基に芦田城を築いた（『日本城郭全集5』芦田城、菊池一九九四、宮坂二〇一六）。

芦田城跡

木ノ宮神社　芦田城跡内

芦田依田信守のとき、武田信玄の進攻にあい、天文十二年

（一五四三）、武田氏に降り（『日本城郭大系』8「岩尾城」）、信濃先方衆となった。天文十八年（一五四九）の頃、芦田依田氏は本拠を芦田城から春日城（佐久市）に移した（『日本城郭大系』8「芦田城」、長野県文化財保護協会一九九八）。芦田城は蓼科山北麓の交通の要衝ではあるが、防備上の地の利に欠け、包囲攻撃には長期にわたり耐えることが難しく、戦国乱世に拠るべき城でないと見限ったという（市川一九九四、『日本城郭大系』8「芦田城」）。

芦田に芦田隆春（孝玄）の霊を祀った木宮社《きのみや》（木宮大明神、新明神宮《しんめいじんぐう》）があった。天正十八年（一五九〇）、芦田松平康真がこの社を藤岡に遷し、芦田大明神として祀られた。正徳《しょうとく》二年（一七一二）に越前福井藩家臣の芦田下野守賢詮《まさあき》が、芦田城本丸跡に木宮社を再建している（『長野県町村誌』東信編「芦田村」、『立科町誌』民俗編ほか）。

神社の前にある榎は、城主の子孫が福井から持ってきて植えたといわれている。神社の西には建物の礎石に使われたと思われる石が集めてあり、盛時を偲ばせている（『日本城郭全集』5「芦田城」、『日本城郭大系』8「芦田城」）。

麓の蓼科神社はこの城の守護神で、すぐ隣にある光徳寺は初代城主である芦田依田光徳の菩提寺である。

芦田氏の居館は、芦田川を挟んで芦田城と相対する古町《ふるまち》にあった。付近には「おつぼねやしき」「つぼのうち」などの地字名を残し、芦田依田氏の菩提寺光徳寺がある（『長野県の地名』芦田城跡、『立科町誌』歴史編上）。

倉見城跡（北佐久郡立科町茂田井）

倉見城は、別名茂田井《もたい》城ともいう。標高七二九メートル、比高二〇メートルの丘城。永享八年（一四三六）八月頃、芦田庄司となり、茂田井に入部した高井郡の井上氏流米持氏が築いた。米持芦田氏（甕氏、茂田井氏）を名乗った。米持芦田氏は、主殿介の代、延徳元年（一四八九）六月、佐久郡に進攻した武田軍（一説に村上軍）に攻められ滅びた（「四鄰譚藪」巻之四）。その後は、芦田城の依田芦田氏の領となったようである。天文年中（一五三二～五五）、芦田依田信守、その子・信蕃と共にここに居たというが（「信濃宝鑑」上、倉見城址ほか）、詳細は不明である。

倉見城跡

光徳寺《こうとく》（北佐久郡立科町大字芦田四三二一）

曹洞宗。南嶽山《なんがくざん》と号す。南嶽山とは蓼科山を指すものである（長野県文化財保護協会一九九八）。本尊は釈迦如来。文明二年（一四七〇。註、文明三年とも）、芦田光玄《みつはる》が父・芦田光徳《みつのり》の菩提のために創建したという（『群馬県の地名』）。（註、「芦田由来記」、池田魯参ほか一九九六などは、光玄が宝徳三年〈一四五一〉に創建したと記すが、このとき、光徳は生存中で、光徳が没したのは応仁二年〈一四六八〉のこと）

光徳寺

芦田氏の墓　光徳寺境内

尾州正眼《しょうげん》寺（愛知県小牧山市）の鷹林《ようりん》伊《い》隼《しゅん》和尚を開山とし、当初、芦田城の西南、芦田川近くの龍田《りゅうでん》の地に、父の法号をもって寺号とし龍田山光徳寺として建立し、寺田五十貫および山林を寄附した。天正十八年（一五九〇）、光玄の嫡流、芦田松平康国が上野国藤岡に移封となると、光徳寺は藤岡に移された。七世猶国《ゆうこく》知存《ちぞん》和尚も追随し藤岡へ、その後、猶国和尚は越前へも追随し、越前木ノ本《このもと》（福井県大野市）に光徳寺を建てている。この間、佐久の光徳寺は一時荒廃した。慶長の末、猶国和尚、康国の弟・康真に乞い佐久に戻り、旧地に光徳寺を復した（『北佐久郡志』第四篇町村篇「芦田村」）。

仙石秀久がこの地を領するや、寺領を没収したため、おおいに衰頽《すいたい》した。寛文年中（一六六一～七三）、領主酒井日向守の寺領二十石寄進を受け、旧観に復した。数度芦田川の水害に遭い、正徳六年

（一七一六）二月、龍田の地から現在地に移り、山号を南嶽山に改めた。本堂は立川和四郎流の手に成るものとされる（『大日本寺院総覧』下、「信濃宝鑑」上「光徳寺」、『長野県町村誌』東信編「芦田村」ほか）。明治二十年（一八八七）、裔孫芦田信貫が旧臣とはかり、祖先・芦田氏の墓を建立した（『北佐久郡志』第四篇町村篇「芦田村」）。

諏訪茶臼山城跡（諏訪市上諏訪茶臼山）

別名高島古城、手長《てなが》山城とも、標高八四〇メートル（比高八〇メートル）の茶臼山（手長山）に築かれた山城で、年次不詳であるが、諏訪氏によって上原城の支城として築かれた。武田信玄は諏訪郡の拠点を上原城としていたが、天文十八年（一五四九）、板垣信方《いたがきのぶかた》に代わって諏訪郡代となった長坂虎房が茶臼山城に政庁を移した。永禄二年（一五五九）、芦田依田信蕃は武田の人質として、茶臼山城に置かれている（「寛政重修諸家譜」）。天正十年（一五八二）の天正壬午の乱で、諏訪頼忠が諏訪の地を回復すると、茶臼山城に入った。その後、頼忠は新たに金子城（諏訪市）を築いて移った。天正十八年（一五九〇）、徳川家康の関東転封にともない、頼忠は上野国惣社（前橋市）に移封となり、代わって諏訪の領主となった日根野正吉はいったん茶臼山城に入るが、慶長三年（一五九八）に高島城をあらたに築いて居城を移したため廃城となる。

桜ケ丘県営住宅の辺りが本丸、北の水道施設の辺りが二ノ丸というが遺構はない。県営住宅の入口付近に案内板が設置されている。

【群馬県】

芦田川屋敷跡（藤岡市保美字城戸《しろど》）

芦田依田信守・信蕃父子が、武田信玄に属して西上州に入り、永禄九年（一五六六）から三年間、多野郡鬼石《おにし》・浄法寺地域（藤岡市）に進駐、芦田川屋敷を構え、武蔵国御嶽城を守ったという（『依田記』）。

芦田川屋敷（藤岡市）は保美の砦の北一〇〇メートルの三名川の南岸崖上に位置する。東西一四〇メートル、南北九〇メートルの規模で、虎口は西に推定される。西一一〇メートルの所に堀跡とみられる凹みがあるという（『藤岡市史』資料編原始古代中世、『日本城郭大系』4ほか）。

富士浅間《せんげん》神社（藤岡市藤岡一一五二）

祭神は木花開耶姫之命《このはなさくやひめのみこと》。富士浅間神社の創建は不詳。鎌倉時代の文永八年（一二七一）に日蓮上人が佐渡（新潟県佐渡市）へ流罪《るざい》となる途中、この地へ訪れ富士山の御霊（木花開耶姫之命）の分霊を勧請し社殿を建立したのが始まりと伝えられ、富士山と関わる土地だった事から「富士岡」という地名が発生し、のちに「藤岡」になったとされている。

平安時代に上野国（現在の群馬県）の主要な神社を列記した「上野国神名帳」に記されている、緑《みど》野《の》郡に鎮座していた「従五位上 郡御玉明神」が当社と考えられるため、少なくとも平安時代には鎮座し広く知られた存在だったことがわかる。

文明年間（一四六九〜八七）、関東管領上杉顕定はこの神社を崇拝し、たびたび礼拝した。

永禄九年（一五六六）、この地を領した芦田依田信守が当社を崇敬して、社殿を改造し、太刀などを奉納し、以前から修験としてこの地にあった桜本坊の清源法印を別当に任命した（『藤岡町史』富士浅間神社、『藤岡市史』通史編近世・近代・現代）。

芦田松平康真が、藤岡城を築城した際、富士浅間神社が藤岡城からみて北側に位置していた事から北方鎮護の守護社として篤く信仰し、境内の拡張整備や社殿の改築などを行った。

富士浅間神社

宝物に永禄九年（一五六六）に芦田依田信守が奉納したとされる太刀（備前助包作）・短刀、天正十年（一五八二）に栗須《くりす》村栗生左衛門が奉納したとされる甲冑、菊川英山画の祭礼絵巻などがある。また、康真が奉納した画軸、古鏡があるという（市村二〇一六）。

諏訪神社（藤岡市藤岡四九五）

祭神は建御名方神《たけみなかたのかみ》。永享三年（一四三一）、有田《ありた》大舎人《おおとねり》小属《しょうぞく》定《さだ》景《かげ》が常岡《つねおか》城（群馬県藤岡市）に居城するにあたり、諏訪大社の上《かみの》社《やしろ》・下社《しものやしろ》を勧請して、上社は男神、下社は女神として、二社を崇敬祭祀した。

永禄九年（一五六六）、藤岡の地を領した芦田依田信守が、同年七月二十七日、信濃国一之宮諏訪大社の上社、下社から剣一口《ひとふり》、鏡一面を請《こい》受け、神霊として南山の地に上社、当社（現在の諏訪神社の場所）に下社を奉斎した。

天正十八年（一五九〇）、信守の孫・芦田松平康真が藤岡城に居城するや、祖父の発祀せる上社、下社をもって牙城の守護となし、社殿を造営し祭田を寄進して別当をも定めた。城東守護の社である。

慶長五年（一六〇〇）、芦田松平氏が故あって改易となり、藤岡城を廃されたが、郷民はなお崇敬して祭祀を継続し、芦田松平氏奉斎以来、御神威は四方に輝き、藤岡領すなわち、当所ほか十七ヶ村の総鎮守として崇拝された。

延宝六年（一六七八）社殿が老朽化したので、当地の豪商星野《ほしの》金左衛門《きんざえもん》が発起人となり、近在近郷に寄進を募り、社殿そのほかを再建した（『藤岡市史』通史編近世・近代・現代「諏訪神社」、『多野藤岡地方誌』各説編）。

諏訪神社

什宝に安永九年（一七八〇）江戸三井八郎右衛門奉納の神輿二座、古刀八口・古鏡二十九面、酒井雅楽守奉納の金幣一束、菊川英山画の扁額などがある。（『群馬県の地名』諏訪神社、『多野藤岡地方誌』各説編ほか）

【埼玉県】

御嶽城跡《みたけ》 **(児玉郡神川町御岳)**

別名、武蔵御嶽城、御岳城、高見城《たかみ》、金鑚御嶽城《かなさな》、標高三四三・四メートル(比高二〇〇メートル)の御嶽山にあった山城である。

南北朝期に長井斎藤別当実永《ながいさいとうべっとうさねなが》が築城し、文明十二年(一四八〇)、安保吉兼《あぼよしかね》が築城したと伝わる。関東管領山内上杉氏の平井城(群馬県藤岡市)は神流川《かんな》を挟んで対岸に位置していた。山内上杉憲政の家臣であった安保泰広《やすひろ》が守る御嶽城は、天文二十一年(一五五二)二月十一日、北条氏康に攻められ、三月になって安保泰広・同泰忠《やすただ》らは氏康に降伏、残りの数千人は残らず討ち死にしたという。このとき、憲政の子息は御嶽城に籠城していたが捕らえられ、氏康に殺されている。このとき、憲政の平井城(群馬県藤岡市)も落城し、のちに憲政は越後の長尾景虎(のちの上杉謙信)を頼った(『埼玉県の地名』御嶽城跡)。

芦田依田信守、信蕃父子が、武田信玄に属して西上州に入り、永禄九年(一五六六)から三年間、多野郡鬼石《おにし》・浄法寺地域(群馬県藤岡市)に進駐、芦田川屋敷(藤岡市)を構え、武蔵国御嶽城を守ったという。

永禄十一年(一五六八)、芦田依田父子が去ると、城は北条方に転じた。七月一日、安保泰通《やすみち》が北条氏康より武州御嶽城の主権が認められ城主として復活した(「安保文書」)。同十二年、武田軍が攻め寄せたが攻略できなかった。同十三年（元亀元年。一五七〇）六月五日に武田軍の攻撃で落城（同月二十七日「武田信玄書状写」太田文書）。上野三ツ山城（藤岡市）の長井政実が城主となった（『埼玉県の地名』御嶽城跡）。元亀二年（一五七一）に甲相同盟が復活すると、翌年には御嶽城は北条氏に返還された。

現在、城址には切岸や堀切などの遺構が残っており、東曲輪に展望台がある。登城口は山麓の金鑽神社にあり、なお金鑽神社の多宝塔は天文三年（一五三四）に安保全隆《ぜんりゅう》が寄進したもので重要文化財に指定されている。

【静岡県】

二俣《ふたまた》城跡（浜松市天竜区二俣町二俣）

別名蜷原《になはら》城と呼ばれる標高九〇メートル（比高四〇メートル）の平山城。「遠江国風土記伝」には文亀年間（一五〇一～〇四）に二俣近江守昌長《おうみのかみまさなが》が築いたとある。永正十一年（一五一四）、二俣昌長は米倉城に移り、代わって堤城の松井信薫《のぶしげ》が入った。信薫は享禄二年（一五二九）に病没し、弟の宗信《むねのぶ》が城主となった。永禄三年（一五六〇）の桶狭間の戦いで、宗信は今川義元と共に討ち死にし、宗恒《むねつね》（宗信の子）が継いだが、今川氏が没落、永禄十一年（一五六八）十二月には城を徳川家康に明け渡した。家康は鵜殿氏長《うどのうじなが》、続いて中根正照《なかねまさてる》を置いた。元亀三年（一五七二）、武田信玄の子・勝頼に、水の手を取り切られ城を支えきれず落城した。天正二年（一五七四）閏十一月、武田氏は芦田依田信守・信蕃父子に守らせた。天正三年（一五七五）、徳川家康に攻められ、依田信蕃は城を明け渡した。家康は大久保忠世を二俣城将にする。天正七年（一五七九）七月、家康の正室築山殿《つきやま》と嫡子信康《のぶやす》が武田氏と共謀して謀反の疑いあり、織田信長から二人の処分を迫られ、九月十五日、信康は二俣城内で切腹した。信康廟は城下の清滝寺境内に建てられている。天正十八年（一五九〇）、徳川氏の関東移封により、大久保氏が相模小田原城に転封となると、廃城となった。

現在、天守台および石垣、土塁を残している。天守台の石垣は大久保氏時代のものと考えられるという（小和田一九八九）。城の水の手が天竜川に井楼《せいろう》を造って水を汲みあげるというもので、この井楼を復元したものが清滝寺に作られている（『日本城郭全集』5「二俣城」、『日本城郭大系』9「二俣城」、小和田ほか一九八四）。

高天神城跡《たかてんじんじょうあと》（小笠郡大東町下土方）

鶴翁山《かくおうざん》（標高一三〇メートル、比高一〇四メートル）に築かれた山城。応永二十三年（一四一六）、今川貞世《さだよ》（了俊《りょうしゅん》）が築城したと伝えられている。元亀二年（一五七一）三月、武田信玄は内藤昌豊《ないとうまさとよ》に攻めさせたが、城将小笠原長忠《ながただ》が守り切った。天正二年（一五七四）五月、武田勝頼が二万余の軍勢で高天神城を包囲した。小笠原長忠以下城の兵力が尽き、六月十七日に落城した。翌三年（一五七五）、二俣城を退去した芦田依田信蕃が一時籠城している。その後、徳川軍に攻められた城は、同九年（一五八一）三月、勝頼の後詰もなく、城将岡部丹波守以下ほとんど戦死し、落城した。これ以降、

高天神城跡

廃城となる（『日本城郭全集』5「高天神城」、小和田ほか一九八四）。

蒲原《かんばら》城跡（静岡市清水区蒲原城山）

標高一四九メートル、比高九〇メートルの山稜一帯に築城された山城である。西側の向《むこう》田《だ》川と東側の山居沢《さんきょざわ》川によって挟まれた複雑な地形を巧みに利用しており、背後は険しい峡谷、前面が駿河湾で「後ろ堅固」の構えであった。

天文年間（一五三二～五五）の初め頃、今川氏によって築城された。天文八年（一五三九）七月二十五日の運次書下写（甲州古文集）に「蒲原之城」と見える。

永禄十二年（一五六九）十二月、駿河に侵入した武田信玄は、駿府を攻める前に障害となる蒲原城を攻めた。十二月四日、岩淵の宿を焼き打ちにし、六日には蒲原城に迫った。武田勝頼や同信豊（信玄の甥）の奮戦により、城主北条新三郎氏信・長順兄弟以下、清水・笠原・狩野介以下を全滅させ（「甲陽軍鑑」「北条記」）、武田方の山県昌景が入った（十二月六日「武田信玄書状写」真田文書）。一時期、芦田依田信守、信蕃父子が蒲原在番を命ぜられている（『戦国人名辞典』）。以後、武田氏の重要な拠点となったが、天正十年（一五八二）武田氏の滅亡時に徳川軍の攻撃で落城し廃城となった（『静岡県の地名』蒲原城跡、小和田ほか一九八四)。

田中城跡（藤枝市西益津《ましづ》）

別名、徳之《とくの》一色《いっしき》城、徳一色城、戸久一色城、亀城《きじょう》、亀甲城、藤枝城とも呼ばれた平城（標高一一・四メートル）である。初めて築城された年代は不詳だが、徳之一色城は一色信茂《のぶしげ》（一説に信義《のぶよし》）の築城と伝えられる（「駿国雑志」）。その後、今川氏の持城となり、「今川分限帳《ぶげんちょう》」に、「一万八千石、駿州田中城主由井美濃守」とある。永禄年間（一五五八～七〇）には長谷川正長《まさなが》が居城していたという。永禄十一年（一五六八）、今川氏真は武田信玄に駿河を逐われ、同十三年正月、城は信玄に攻められ、城主長谷川正長は城を脱出し、徳川家康を頼った。信玄は馬場信房《ばばのぶふさ》に縄張りを命じ、徳之一色城を増築、まったく新しい城にし、名も田中城と改めた。城が完成すると、山県昌景を在城させた。元亀三年（一五七二）には山県昌景は板垣信安《のぶやす》と交替した。天正四年（一五七六）八月、徳川家康に包囲され、天正六年三月には徳川勢の榊原・松平家忠らが柵を破り外郭に侵入したが（「家忠日記」、中田一九八八）、守り切った。信玄没後、勝頼は叔父一条信竜、次いで天正七年（一五七九）には芦田依田信蕃に守備させた。

天正十年（一五八二）二月には、徳川軍による田中城の総攻撃が行われたが、城将信蕃・三枝土佐守虎吉以下よく防いだが、結局は防ぎきれず、三月一日に大久保忠世に渡し開城している。同十年七月四日、家康は高力清長《こうりききよなが》を一万石で田中城に封じた（「武徳編年集成」）。天正十八年（一五九〇）、家康の関東移封にともない、高力清長は武州岩槻へ転封。かわって中村一氏の臣・横田村詮《むらあき》が入った。慶

灌溪寺

信蕃・信春兄弟の位牌　灌溪寺蔵

長五年（一六〇〇）、酒井忠利《ただとし》が一万石で入城、以後、三枝氏、松平氏、大久保氏、内藤氏など譜代大名が続き、享保十五年（一七三〇）、本多正矩《まさのり》が上野国沼田より移り四万石、以後、本多氏が代々続き、明治元年（一八六八）安房白浜に移封され、田中城は徳川家達七十万石の支配に置かれた。

全国的にも見て珍しい円形の縄張りである。現在、本丸跡は西益津小学校となっている（『日本城郭全集』５「田中城」、『静岡県の地名』田中城跡、『日本城郭大系』９「田中城」、上木編一八九四、小和田ほか一九八四）。

灌溪寺《かんけいじ》（藤枝市中《なか》ノ合《ごう》六八）

曹洞宗。石龍山と号す。本尊阿弥陀如来。承久年間（一二一九〜二二）の創建という。「駿河記」（桑原藤泰著、文政元年〈一八一八〉）によると、灌溪寺は永享元年（一四二九）頃、藤枝の西光寺の末寺になったと記されているから、曹洞宗に改宗される以前は浄土宗であった。開山の虎山については詳しいことは不明である。その後、天正八年（一五八〇）芦田依田信蕃と弟・信春によって再興され、最林寺三世歓室長怡《かんしつちょうたい》によって曹洞宗と依田なった。

さらに貞享二年（一六八五）八月、最林寺八世匝天恕周《そうてんじょしゅう》が寺領四石五斗の地を受けたため、匝天は中興開山とされた。灌溪寺では開基として信蕃と弟・信春二人の位牌を祀っている。また、灌溪寺は今川家の公花所《こうげしょ》（菩提寺）になったこともあり、奥方の墓があったともいわれるが、詳しいことは不明である（藤枝宿HP、柴田一九九八、天野一九六二、二〇二二年十一月灌溪寺加藤住職情報）。

【主な参考資料】

【史料】

「尊卑分脈」「系図纂要」「寛永諸家系図伝」「寛政重修諸家譜」「蘆田記」「依田氏系譜」（『蓼科山と財産組合』所収）「芦田氏系譜」（『藤岡町史』所収）「越前福井芦田氏家伝」（『長野県町村誌』東信編所収）「諸士先祖之記」（『福井市史』資料編4近世二所収）「芦田由来記」（『立科町誌』歴史編上所収）「芦田先祖記」（『藤岡市史』資料編近世所収）「神使御頭之日記」「四鄰譚藪」「千曲之真砂」「信陽雑誌」「小諸砂石鈔」「小諸温古雑記」「木曾考」「木曽旧記録」「信濃宝鑑」上、「標註科野佐々禮石」「高白斎記」「武田三代軍記」「甲陽軍鑑」「甲斐国志」「塩山向嶽然庵小年代記」「真武内伝」「長国寺殿御事蹟稿」「真田内伝」「岩尾家譜」「上野国志」「石倉記」「上州故城塁記」「上州治乱記」「上毛伝説雑記」「関八州古戦録」「北条記」「小田原旧記」「異本小田原記」「信長記」「信長公記」「織田軍記」「家忠日記」「家忠日記増補」「家忠日記増補追加」「朝野旧聞裒藁」「慶長記」「武徳大成記」「御先祖記」「列祖成績」「三河記」「当代記」「大三川志」「創業記考異」『新編藩翰譜』二・四、「武徳編年集成」「柏崎物語」「酒井家世紀」「東照宮御実紀」「三河物語」「駿河記」「遠江国風土記伝」「落穂集」『嶽南史』三、「常山紀談」『新編武家事紀』「三河後風土記」「改正三河後風土記」「諸国廃城考」「苗木記」「明知御陣屋」乾、「内山真龍文書」（『天竜市史』史料編六所収）「越前国名蹟考」「片聾記」「続片聾記」「国事叢記」一、『信濃史料』『戦国遺文武田氏編』一・二・三・五、『戦国遺文後北条氏編』二・三、『新訂徳川家康文書の研究』上

【辞典類】

『大日本人名辞書』四、『信濃の人』『信濃人物志』『上野人物志』『大人名事典』六、『姓氏家系大辞典』『日本城郭全集』3・5、『日本城郭大系』9静岡・愛知・岐阜編、『日本城郭大系』8長野・山梨編、『長野県の地名』『埼玉県の地名』『福井県の地名』『群馬県の地名』『岐阜県の地名』『長野県歴史人物大事典』『国史大辞典』十四、『織田信長家臣人名辞典』『長野県姓氏歴史人物大辞典』『静岡県の地名』『日本名字家系大事典』『戦国人名辞典』『徳川・松平一族の事典』『徳川家康家臣団の事典』『武田氏家臣団人名辞典』『全国寺院名鑑』北海道・東北・関東篇、『大日本寺院総覧』上・下、『日本名刹大事典』『室町時代人物事典』

【自治体史】
『長野県史』通史編　別巻・年表・索引、『長野県町村誌』東信編、『戸倉町誌』第二巻歴史編上、『小県郡史』『小諸市誌』歴史編二、『佐久市志』歴史編（二）中世、『北佐久郡志』『立科町誌』歴史編上、『臼田町誌』第三巻考古・古代・中世編、『浅科村史』『北相木村誌』『藤岡町史』『藤岡市史』資料編　原始・古代・中世、『藤岡の文化財探訪』『松井田町誌』『多野藤岡地方誌』総説編、『鬼石町誌』『神川町誌』『下館市史』上、『岩村町史』『静岡県史』資料編8中世四、『藤枝市史』通史編上原始・古代・中世、『天竜市史』上、『岡崎市史』別巻　徳川家康と其周圍・中巻、『新編岡崎市史』中世2、『大野市史』六・八

【研究書・概説書】
上木浩一郎編『駿河名勝遺蹟』下（坂本書房、一八九四年）
福山壽久『信濃史蹟』下（信濃新聞、一九一二年）
信濃史談会編『信濃の人』（求光閣書店、一九一四年）
山下黄石編『二俣城と依田信蕃』（一九三四年）
長坂金雄『類聚伝記　大日本史』第五巻武将篇（雄山閣、一九三五年）
西澤圭編『信濃二千六百年史』（信濃毎日新聞社、一九四一年）
高柳光壽『戦国戦記三方原の戦』（春秋社、一九五八年）
高柳光壽『戦国戦記長篠之戦』（春秋社、一九六〇年）
桑田忠親『戦国武将の手紙』（人物往来社、一九六二年）
旧参謀本部編『日本の戦史②　三方原・長篠の役』（徳間書店、一九六五年）
小林計一郎『武田軍記』（人物往来社、一九六五年）
猪坂直一『真田三代録』（理論社、一九六六年）
中村孝也『家康の臣僚』武将篇（人物往来社、一九六八年）

南原公平『信州の城と古戦場』（令文社、一九六九年）
望月政治ほか編『望月氏の歴史と誇り』（日本出版貿易、一九六九年）
南原公平『信州歴史散歩』（創元社、一九七一年）
大澤洋三『蓼科物語』（信濃路、一九七一年）
旧参謀本部編『日本の戦史④ 小牧・九州・小田原の役』（徳間書店、一九七四年）
上毛新聞出版局編『上州の城』下（上毛新聞社、一九七五年）
大沢洋三『信州／佐久 望月ものがたり』（信濃路、一九七五年）
清水要次『郷土のしおり 西上州』（西上州刊行会、一九七六年）
磯貝正義『定本武田信玄』（新人物往来社、一九七七年）
中村孝也『新訂 徳川家康文書の研究』上（日本学術振興会、一九八〇年）
信濃郷土史研究会編『信州の文化シリーズ 寺と神社』信濃毎日新聞社、一九八一年）
井出正義ほか『長野県の歴史シリーズ9 図説・佐久の歴史』上（郷土出版社、一九八二年）
三上一夫『福井藩の歴史』（東洋書院、一九八二年）
山田武麿ほか『上州の諸藩』下（上毛新聞社、一九八二年）
菊池清人『佐久の武士と古戦場』（櫟、一九八三年）
桑田忠親『家康の手紙』（文芸春秋、一九八三年）
小和田哲男ほか『静岡県古城めぐり』（静岡新聞社、一九八四年）
国立史料館編『依田長安一代記』（東京大学出版会、一九八五年）
小林計一郎『真田三代軍記』（新人物往来社、一九八六年）
中田正光『戦国武田の城』（有峰書店新社、一九八八年）
小穴芳美編『信濃の山城』（郷土出版社、一九八八年）

主な参考資料

小和田哲男『静岡県の城物語』（静岡新聞社、一九八九年）
田屋久男『源氏命運抄』（一九九〇年）
志村平治『北信濃の武将　村上義清伝』（新人物往来社、一九九一年）
市川武治『もう一人の真田　依田右衛門佐信蕃』（櫟、一九九四年）
菊池清人『佐久の史跡と名勝』（櫟、一九九四年）
宮坂宥勝ほか『探訪・信州の古寺』第1巻天台宗・真言宗（郷土出版社、一九九六年）
池田魯参ほか『探訪・信州の古寺』第3巻禅宗（郷土出版社、一九九六年）
煎本増夫『戦国時代の徳川氏』（新人物往来社、一九九八年）
長野県文化財保護協会『改訂　長野県文化財めぐり』（長野県文化財保護協会、一九九八年）
飯塚道重『高原の城下町小諸藩歴史散歩』（櫟、一九九八年）
柴田芳憲『藤枝・岡部・大井川の寺院』（藤枝志太仏教会、一九九八年）
藤枝市郷土博物館編『第一五回特別展　駿河の武田氏』（藤枝市郷土博物館、二〇〇〇年）
小楠和正『結城秀康の研究』（越前松平家・松平宗紀、二〇〇六年）
浜松市生活文化部生涯学習課編『北遠の城』（天竜区魅力ある区づくり事業実行委員会、二〇〇八年）
志村平治『信濃岩井一族　岩井備中守信能』（歴研、二〇〇九年）
熊谷博幸『明知御陣屋』乾（二〇〇九年）
櫻井松夫編『津金寺の歴史』（津金寺の歴史刊行会、二〇〇九年）
南原公平『新装改訂版　信州の城と古戦場』（しなのき書房、二〇〇九年）
武田氏研究会編『武田氏年表』（高志書院、二〇一〇年）
本多隆成『定本徳川家康』（吉川弘文館、二〇一〇年）
平山　優『天正壬午の乱』（学研パブリッシング、二〇一一年、平山二〇一一A）

志村平治『信濃村上一族　村上源五国清』（歴研、二〇一一年）
平山　優『武田遺領をめぐる動乱と秀吉の野望』（戎光祥出版、二〇一一年、平山二〇一一Ｂ）
平山　優『真田三代』（ＰＨＰ研究所、二〇一一年、平山二〇一一Ｃ）
藤岡市教育委員会文化財保護課編『藤岡の文化財探訪』（藤岡市教育委員会文化財保護課、二〇一二年）
黒田基樹『小田原合戦と北条氏』（吉川弘文館、二〇一三年）
黒田基樹編『北条氏年表』（高志書院、二〇一三年）
平山　優『大いなる謎　真田一族』（ＰＨＰ研究所、二〇一五年）
笹本正治『信濃の戦国武将たち』（宮帯出版社、二〇一六年）
志村平治『小笠原右近大夫貞慶』（歴研、二〇一六年）
宮坂武男『宮坂武男と歩く戦国信濃の城郭』（戎光祥出版、二〇一六年）
小和田哲男『東海の戦国史』（ミネルヴァ書房、二〇一六年）
市村　到『戦国三代の記　真田昌幸と伍した芦田（依田）信蕃とその一族』（悠光堂、二〇一六年）
平山　優『真田信之　父の智略に勝った決断力』（ＰＨＰ研究所、二〇一六年）
田中豊茂『信濃中世武家伝』（信濃毎日新聞社、二〇一六年）
平山　優『武田氏滅亡』（ＫＡＤＯＫＡＷＡ、二〇一七年）
山崎　泰『信州往来もののふ列伝』（しなのき書房、二〇一七年）
大石泰史『今川氏滅亡』（ＫＡＤＯＫＡＷＡ、二〇一八年）
本多隆成『徳川家康と武田氏』（吉川弘文館、二〇一九年）
藤井讓治『徳川家康』（吉川弘文館、二〇二〇年）
岡部捷二『信濃国佐久郡春日郷「御鹿の里」物語』（リフレ出版、二〇二〇年）
市村　到『戦国三代と天下人　芦田（依田）氏の軌跡より』（悠光堂、二〇二〇年）

黒田基樹『戦国大名・北条氏直』（ＫＡＤＯＫＡＷＡ、二〇二〇年）
志村平治『木曽伊予守義昌』（歴研、二〇二一年）
岡部捷二『私説戦国末期の佐久と天下統一への動き』（東京図書出版、二〇二一年）
群馬県立歴史博物館編『戦国人』（上毛新聞デジタルビジネス局出版部、二〇二一年）
平山　優『武田三代』（ＰＨＰ研究所、二〇二一年）
平山　優『徳川家康と武田信玄』（ＫＡＤＯＫＡＷＡ、二〇二二年）
平山　優『徳川家康と武田勝頼』（幻冬舎、二〇二三年）

【雑誌・論文】
大井伝重「岩尾城攻防戦史」上（『信濃』第一次六巻一号、一九三七年、大井一九三七Ａ）
大井伝重「岩尾城攻防戦史」下（『信濃』第一次六巻一号、一九三七年、大井一九三七Ｂ）
竹市文成「蘆田氏と遠州二股城」（『上毛及上毛人』二八二号、一九四〇年）
天野信直「依田氏（芦田）の参・遠・駿における事蹟について」（『信濃』第三次一四巻一号、一九六二年）
村本喜代作「依田信蕃と芦田五十騎」（『関孝和と内山家譜考』内山商事、一九六三年）
平林富三「信州佐久郡伴野庄地頭伴野氏の研究」（平林富三『千曲の浅瀬』、一九七三年）
大澤洋三「秀吉から家康への書簡と依田一族」（「歴史研究」一五三号、一九七三年）
勝守すみ「藤岡森新田・柳沢家文書」（『多野藤岡地方誌』総説編、一九七六年）
山崎　一「三波川・浄法寺地域城」（『多野藤岡地方誌』総説編、一九七六年）
井出正義「武田信玄の佐久攻略を中心に」（『千曲』二六号、一九八〇年）
菊池清人「相木城」（小穴芳美編『信濃の山城』郷土出版社、一九八八年）
菊池清人「前山城」（小穴芳美編『信濃の山城』郷土出版社、一九八八年）

松井松次「依田信蕃と松井与兵衛」（『佐久』七号、一九九二年）
小林二三男「中世に西上州で活躍した―信州の武士依田氏について―」（『佐久』七号、一九九二年）
元八王子歴史研究会古文書部会編「乙骨太郎左衛門覚書」（『由比野』四号、一九九三年）
小林幹男「芦（蘆）田氏の歴史」（『とぐら』二三号、一九九八年）
木内　勝「安中依田氏と平原依田氏」（『佐久』三五号、二〇〇二年）
柴辻俊六「戦国期信濃依田芦田氏の考察」（『信濃』第三次五七巻四号（通六六三）二〇〇五年）
藤森英二「佐久を平定した依田信蕃・松平康国父子」（湯本軍一『探訪　信州の古城』郷土出版社、二〇〇七年）
柴辻俊六「信濃依田芦田氏の支配」（『戦国期武田氏領の形成』校倉書房、二〇〇七年）
柴　裕之「戦国大名武田氏の遠江・三河侵攻再考」（『武田氏研究』三七号、二〇〇七年）
宮川展夫「天正壬午の乱と北関東」（『史学論集』四〇号、二〇一〇年）
井原今朝雄「徳川家康と依田信蕃・康国―佐久郡の戦国・織豊期について―」（『武士の家宝～かたりつがれた御家の由緒～』
長野県立歴史館、二〇一一年）
山崎会理「「依田記」成立の背景と由緒書への転換の可能性について」（『長野県立歴史館研究紀要』一八号、二〇一二年）
山崎会理「「依田家資料」～知行目録・書簡の紹介を中心に～」（『長野県歴史館研究紀要』二〇号、二〇一四年）
小笠原春香「武田・織田間の抗争と東美濃」（『武田氏研究』五三号、二〇一六年）
大澤　廣「依田信蕃後裔のこと」（『千曲』一六三号、二〇一七年）
鈴木将典「依田松平氏の信濃佐久郡支配」（戦国史研究会編『戦国期政治史論集　東国編』岩田書院、二〇一七年）
小林敏夫「松平（芦田）氏ゆかりの藤岡城とこれを取りまく寺社」（『振興ぐんま』一一七号、二〇一八年）
飯森康広「小田原合戦における北国勢の松井田城攻めと進軍」（『群馬文化』三四二号、二〇二一年）
平山　優「天正壬午の乱と曽根昌世」（『武田氏研究』六七号、二〇二三年）
平山　優「依田信蕃・康国」（平山優・花岡康隆編『戦国武将列伝』４甲信編、戎光祥出版、二〇二四年）

【著者紹介】

志村平治（しむら・へいじ）

1951（昭和 26）年、長野県中野市に生まれる。少年時代から歴史の研究に傾倒、現在も長野郷土史研究会、歴史研究会（全国歴史研究会）、日本古城友の会などで活動中。

主な著書に、『相模朝倉一族』『戦国の猛将 藤田信吉』（戎光祥出版）、『北信濃の武将　村上義清伝』（新人物往来社）、『信濃高梨一族』『信濃岩井一族』『信濃須田一族』『荻田一族』『信濃村上一族』『越後村上氏二代』『信濃屋代一族』『畠山入庵義春』『信濃芋川一族』『小笠原右近大夫貞慶』『木曽伊予守義昌』（いずれも歴研）がある。

装丁：川本 要

戎光祥郷土史叢書　08

戦国《せんごく》信濃《しなの》と依田信蕃《よだのぶしげ》
――徳川《とくがわ》・北条《ほうじょう》を苦《くる》しめた不屈《ふくつ》の国衆《くにしゅう》

二〇二五年四月十日　初版初刷発行

著　者　志村平治

発行者　伊藤光祥

発行所　戎光祥出版株式会社
東京都千代田区麹町一－七
相互半蔵門ビル八階
電　話　〇三－五二七五－三三六一㈹
ＦＡＸ　〇三－五二七五－三三六五

編集協力　株式会社イズシエ・コーポレーション

印刷・製本　モリモト印刷株式会社

https://www.ebisukosyo.co.jp
info@ebisukosyo.co.jp

ISBN978-4-86403-569-9